시간을 담은 길

경인가로 따라 인천을 걷다

글. 배성수

서울 출생
인하대학교 사학과 졸업 및 동대학원 박사과정 수료
인천시립박물관 학예연구관
muse3843@korea.kr

사진. 조오다

인천 출생
전 한국고사진연구소 연구이사
인천시립박물관 소식지 편집위원
whitechoth@hanmail.net

일러스트. 조유미

강원도 원주 출생
동국대학교 불교시각디자인과 졸업 및 동대학원 미술사학과 석사
인천시립박물관 전시디자이너
agppsky@naver.com

교열. 김시언

서울 출생
경기대학교 독어독문학과 졸업 및 인천대학교 교육대학원 수료
〈주간경향〉 객원 교열기자 / 시인, 동화작가
ich2182@hanmail.net

문화의 길 Ⅱ
01

시간을
담은 길

경인가로 따라 인천을 걷다

배성수

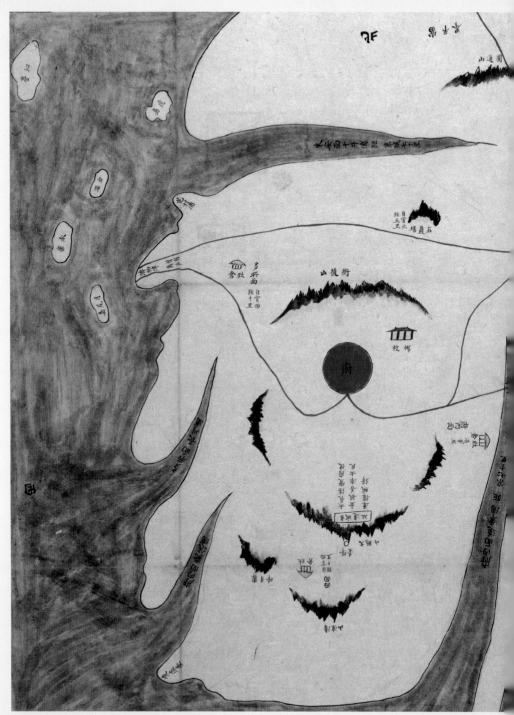

| 1872년 『전국지방지도』에 표시된 인천의 옛길 서울대학교 규장각 소장

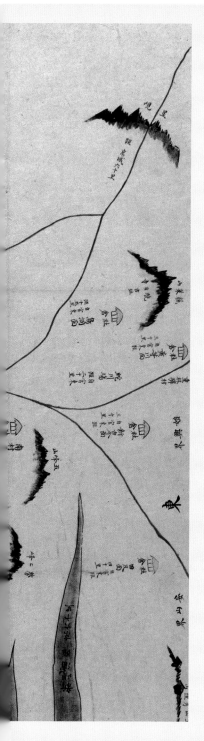

길을 떠나며…

서울에서 태어나 그곳에서 20년을 자랐고, 인천에 있는 대학에 입학했다. 서울과 인천을 오가는 8년의 통학생활을 거쳐, 인천에 자리잡은 지 다시 20여 년의 세월이 흘렀다. 길지 않았던 삶을 돌아볼 때, 서울과 인천에서 살아온 시간이 얼추 비슷하다. 누군가에게 '어디 사람이냐'고 묻는다면 대개는 지금 사는 곳을 말하기보다 자신의 고향을 이야기한다. 누군가 같은 질문을 해오면 아마도 나는 '인천 사람'이라 말할 것이다. 간혹 해외로 출장이나 여행을 다녀올 때, 공항 전광판의 목적지가 'Incheon'이 아닌 'Seoul'로 표기된 것에 화가 날 때가 있다. 그런 나를 보며, 이제 누가 뭐래도 어쩔 수 없는 '인천 사람'이 되었음을 느낀다.

나를 인천 사람으로 거듭나게 한 것은 인천시

립박물관 초대 관장 이경성 선생이 남긴 한마디였다. 유물관리 업무를 맡아보던 시절, 박물관 서고에서 잠자고 있던 『인천고적조사보고』라는 자료를 일람할 기회가 있었다. 1949년 이경성 관장이 인천지역의 유적을 조사한 뒤, 그 결과를 친필로 작성해 둔 두툼한 원고지 묶음이었다. 별 생각 없이 자료를 뒤적이던 중 "인천시립박물관의 근본 사명의 하나인 인천 향토사의 완성은 인천 부근에 산재하고 있는 고적조사에서부터 시작하지 않으면 안 되리라고 믿는다"는 구절이 마음에 닿았다. 인천 공부에 대한 동기부여가 되었다고 할까? 인천시립박물관 학예사로 일하려면 인천에 대한 깊이 있는 학습이 필요하다고 느꼈던 것 같다.

　서울이 고향인 나를 인천 공부로 처음 이끌었던 것은 쉽게 접할 수 있는 생활 속 지명이었다. 인천의 서쪽 끝에 붙어 있는 동인천, 송도라는 섬이 없는 송도, 계양구에 자리한 부평초등학교 등이 나에게는 풀어야 할 숙제로 다가왔다. 인천이 고향인 사람에게 그것은 매우 일상적이고 익숙한 이름이겠지만, 나에게는 엉뚱하고 이상한 것들이었다. 엉뚱한 것에는 그만한 이유가 있었고, 그 이유를 알아가는 것이 인천 공부의 시작이었다. 지명에 얽힌 숙제를 풀기 위해 길과 공간을 이해해야만 했고, 그 과정은 인천을 익히는 훈련이자 학습이었다. 그렇게 인천에 대해 조금씩 알아갈 무렵, 박물관에서 '타박타박 인천'이라는 도보답사 프로그램을 진행하게 되었다. 문화유적을 찾아다니는 일반적인 유적답사와 달리, 직접 길을 걸으며 공간에 얽힌 이야기를 전달했던 '타박타박 인천'의 첫 주제가 '경인가로'였다.

　경인가로는 말 그대로 인천과 서울을 이어주는 길이다. 흔히 '경인국도'라 불리며, 공식 명칭은 '국도 46호선'이다. 조선시대 인천과 서울을 연결하던 주 통로는 남구 문학동의 인천 관아에서 만수동을 거쳐 별리고개[星峴]를 넘는 길이었다. 이외에 원통이고개 넘어 부개동을 거치는 우회로가 있었다. 별리고개에 비해 상대적으로 완만하여 오가기는 쉬웠지만, 만월산을 끼고 돌아가야 했기 때문에 이용도가 그리 높지 않았던 길이다. 개항이 되면서 인천의 중심이 개항장 일대로 옮겨가자 서울 가는 길도 달라졌다. 개항장에서 서울로 가려면 인천 관아를 경유하기보다 석바위 거쳐 원통이고개를 넘는 것이 더욱 빠르고 편리했기 때문이다. 그로부터 이 길은 사람들에게 '경인가로'라 불리며 인천과 서울을 잇는 대표적인 도로로 자리매김해 왔다. 지금 인천과 서울은 세 개의 고속도로를 비롯하여 각종 도로가 실핏줄처럼 엉켜 있다. 그 중 가장 오래된 길인 경인가로는 근대기부터 수많은 사람이 오가던 길이며, 인천상륙작전에 성공한 연합군이 서울로 진격했던 길이자, 맨발의 마라토너 비킬라 아베베가 달렸던 길이다. 길이 간직한 역사, 그것이 '경인가로'를 책의 주제로 선택한 이유다.

천성이 게으른 탓에 발등에 불이 떨어지고서야 글을 쓰기 시작했다. 서툰 글솜씨에 일정마저 촉박하다보니 휘뚜루마뚜루 글을 마무리한 느낌이 없지 않다. 꼼꼼하지 못한 성격 때문에 꼭 보아야 할 자료도 제대로 살피지 못했다. 인천에 대한 기억의 양마저 많지 않아 지역의 선배들과 어르신들의 기억을 빌려오기도 했다. 시도 때도 없이 반복되는 질문에 적잖이 성가셨을 텐데도, 귀찮은 내색 없이 하나하나 친절하게 일러주신 선배들께 미안하고 또 감사하다. 여러분들의 도움이 없었다면 글을 완성할 수 없었을 것이다. 바쁜 와중에도 꼼꼼하게 감수해주신 인천시립박물관 조우성 관장님, 박물관 자원봉사단 조명진 선생님, 직장 선배이자 재능대 교수인 손장원 형께 감사드린다. 지도와 일러스트로 책을 돋보이게 해준 박물관 디자이너 조유미 선생과 굳은 날씨에도 길의 시작부터 끝까지 일일이 걸어가며 사진작업을 해주신 조오다 작가, 귀찮기만 한 교열을 흔쾌히 맡아주신 〈주간경향〉 교열 객원기자 김시언 시인 덕분에 부족한 글솜씨를 간신히 메꿀 수 있었다. 글 쓴다는 핑계로 그동안 가장의 역할을 제대로 못했다. 그럼에도 자식의 일이라면 무엇이든 믿어주시는 부모님과 장인, 장모님께 감사드린다. 무엇보다 이제 막 수험생이 된 상현이와 수험생 부모의 역할을 혼자서 해내고 있는 상현엄마에게 미안한 마음이 앞선다.

책의 주제로 선택한 것은 '길'이지만, 책을 쓰게 된 보다 큰 목적은 '공간'에 있다. 길은 공간을 이어주는 통로이자, 공간을 가르는 경계가 된다. 길로 나뉜 공간은 다시 길로 이어지고 또 갈라지는 과정을 반복하며 확장해 간다. 길을 통해 인천이라는 공간이 어떻게 분화되고 확장해 가는지 알고 싶었다. 그러기에 처음에는 경인가로뿐 아니라 문학동 인천 관아에서 개항장까지 이어지는 '인천가도'와 고갯길, 물길 등 '공간을 연결하는 길'까지 다루려 했다. 그렇게 해야 인천의 공간 변화를 큰 틀에서 조망하여 계획대로 목적을 달성할 수 있었을 것이다. 애초부터 무리한 욕심이었나 보다. 경인가로 하나를 간신히 완주한 채, 책을 마무리하게 되었다. 아쉬움이 크지만, 못 다한 이야기는 훗날로 미루어 둔다.

배성수

길의 여정

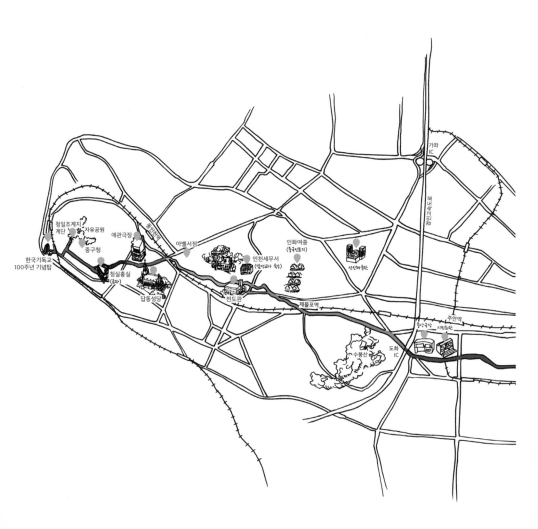

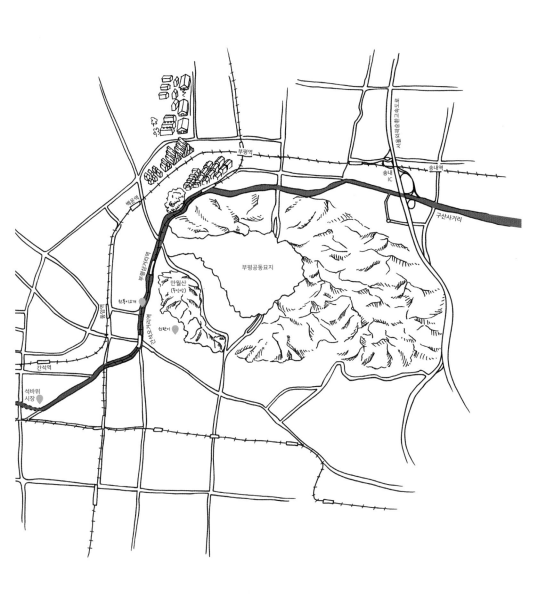

차례

첫번째 길

길의 시작

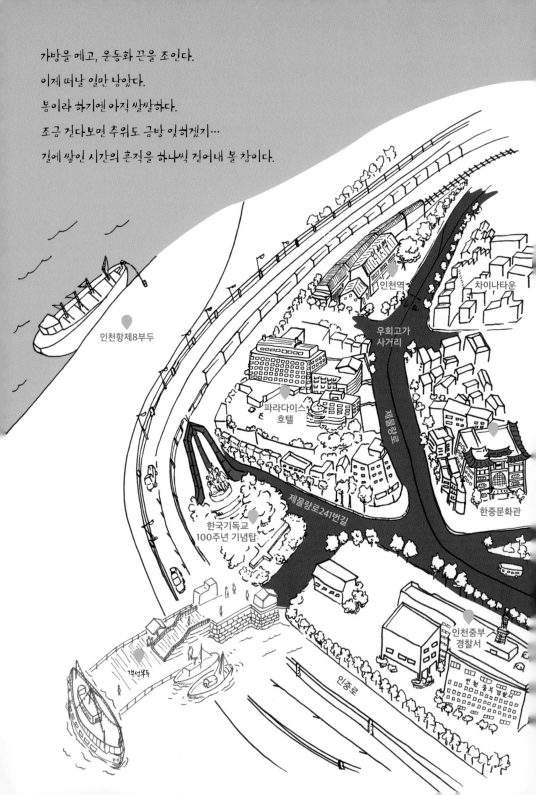

가방을 메고, 운동화 끈을 조인다.
이제 떠날 일만 남았다.
봄이라 하기엔 아직 쌀쌀하다.
조금 걷다보면 추위도 금방 잊혀지겠지…
길에 쌓인 시간의 흔적을 하나씩 걷어내 볼 참이다.

어떤 길이든 시작과 끝이 있게 마련이다. 출근길의 시작은 집의 대문이요, 그 끝은 회사 정문이다. 우리나라 최초의 고속도로인 경인고속도로는 인천광역시 남구 용현동에서 시작해 서울특별시 양천구 신월동에서 끝난다. 어린 시절 등굣길에 비해 시간이 조금은 넉넉했던 하굣길의 경우, 시작과 끝은 같았지만 경로는 언제나 제멋대로였다. 집으로 오는 길은 그날그날 기분에 따라 달라졌으며, 같은 길이라도 날마다 다른 모습을 하고 있었다. 궁금증 넘치던 꼬마에게 길은 다양한 세상을 만날 수 있는 꽤 재미난 놀이터였다. 그렇듯 시작과 끝이 분명한 길이라 해도 그 사이의 여정은 길 가는 사람의 마음에 따라 달라진다.

　어찌하다 보니 역사를 전공하게 되었고, 이러저러한 답사 여행을 기획하고 안내할 기회가 자주 생겼다. 어릴 적 이리저리 길을 헤매고 다닌 경험 때문일까? 나에게는 주로 답사지의 유적 조사와 설명보다 답사 코스를 짜거나 길을 찾는 임무가 주어졌다. 답사지의 유적이 기대에 미치지 못하거나 설명이 시원치 않더라도 참가자들은 별다른 불평을 던지지 않는다. 일단 밖으로 나왔다는 해방감과 자연을 만끽하는 포만감이 훨씬 크기 때문이다. 그러나 그곳이 오래 걸어야 하는 폐사지거나 험한 산길을 가야만 하는 산사라면 이야기는 달라진다. 유적에 대한 실망감에 더하여 지친 몸과 고단한 다리에 대한 불평과 불만까지 오롯이 혼자 감당해야만 한다.

도보 답사의 경우 부담은 더욱 커진다. 답사의 시작부터 끝까지 줄곧 걸어야 하기 때문이다. 적절한 시간 분배와 함께 지친 다리를 쉬게 할 만한 휴식처도 감안해야 한다. 무엇보다 어디서 출발하여 어느 곳에서 끝낼 것인지에 대한 고민이 필요하다. 참가자들이 편안하게 걸을 수 있는 거리도 중요하거니와 시작부터 끝까지 일관된 주제로 끌어갈 수 있어야 하기 때문이다. 특히 시작점은 쉽게 찾을 수 있는 곳이어야 하고, 답사의 성격을 명확하게 드러낼 수 있는 장소여야 한다.

인천광역시 중구 항동 5-2번지, 우회고가교가 시작되는 곳에 '기독교 선교 100주년 기념공원'이라 불리는 자그마한 녹지가 있다. 공원 중앙의 높다란 기념탑을 중심으로 주변 화단 이곳저곳에 여러 개의 표지석이 서 있는데, 공교롭게도 모두 '길의 시작'과 관련된 것들이다. 인천에서 도보 답사를 기획할 때 그 시작점으로 이만한 곳이 또 있을까?

길, 시작되다

이곳을 도보 답사의 시작점이라 부르기엔 아이러니하게도 사람들의 접근이 쉽지 않다. 공원이라고 하지만 보행여건이 좋지 않은 데다 도로 안쪽에 위치하여 눈에 잘 띄지 않기 때문이다. 나 역시 우회고가교를 넘어갈 때 차창 밖으로 삐죽이 솟은 하얀색 탑이 무언지 궁금했다. 상황이 이렇다 보니 사람들은 이곳에 공원이 있는지, 높

| 한국 기독교 백주년 기념탑 (조오다 촬영)

다란 탑이 무엇인지도 잘 모르고 있다.

이 공원이 기독교 선교 100주년 기념공원이라 불리는 것은 공원 중앙에 서 있는 '한국 기독교 100주년 기념탑' 때문이다. 1986년 3월 30일 한국 기독교 100주년 기념사업협의회에서 건립한 탑은 1885년 4월 5일 미국 감리교의 아펜젤러(H. G. Appenzeller) 목사 부부와 북장로교의 언더우드(H. G. Underwood) 목사가 선교를 위해 첫발을 디딘 것을 기념하기 위한 것이다. 목원대 윤영자 교수가 설계하고 신동아 건설에서 건립한 것인데, 세 개의 탑신이 정상부에서 하나로 모이는 형태로 교회의 종을 형상화하고 있다. 세 개의 탑신은 각각 아펜젤러 부부와 언더우드를 상징하고 있으며, 아래로는 세 사람의 동상이 서 있다.

당시 제물포에 내린 세 사람 중 홀몸으로 입국한 언더우드는 그 길로 서울에 들어갈 수 있었지만, 임신 중인 아내 엘라를 동반했던 아펜젤러는 그렇지 못했다. 4개월 전 일어난 갑신정변으로 서울의 분위기가 험악해져 부녀자가 들어가기에 위험하다는 미국공사관의 충고 때문이었다. 결국 아펜젤러 부부는 인천의 대불(大佛)호텔에서 일주일

| **1946년 인천항** 인천시립박물관 소장
1946년 미군이 찍은 인천항 사진으로 멀리 인천각 건물과 해망대산에 있던 영국영사관이 보인다.

을 기다린 끝에 일본으로 돌아갈 수밖에 없었다. 그해 6월 20일 재입국한 그들은 인천에서 한 달 넘게 머물다 조선 정부의 입경 허가를 받고서야 서울로 향할 수 있었다. 당시 아펜젤러 부부는 인천의 내리에서 39일 동안 체류하면서 직접적인 선교 활동은 하지 않았지만, 우리말과 글을 배우며 조선에서의 선교를 준비하고 있었다. 그 때문인지 인천의 대표적인 감리교회인 내리교회는 교회의 연원을 여기에 두고 있다.

기독교 100주년 기념탑이 서 있는 곳은 아펜젤러 부부와 언더우드 뿐 아니라 조선을 찾았던 수많은 외국인이 들고나던 곳이다. 인천 앞바다는 조수간만의 차가 심한 데다 수심이 얕아 규모가 큰 근대식 증기선은 접안이 불가능했다. 수심이 깊은 월미도 인근 바다에 정박한 뒤, 삼판선(三板船) 등 작은 배를 이용해 사람과 짐을 해안까지 실어 날랐다. 당시의 삼판선이 접안했던 부두가 바로 기독교 100주년 기념탑이 서 있는 이곳이다. 개항기 조선 땅을 처음 디딘 외국인들에게 있어 길은 여기서부터 시작되었다.

바닷길과 땅의 길이 만나던…

연안부두, 인천연안여객터미널을 줄여서 부르는 말이다. 다시 말해 인천 연안의 여러 섬을 오가는 여객선이 출발하는 곳이다. 나에게 연안부두의 기억은 야구장에서 시작된다. 대학 시절부터 응원해 온 인천 연고 프로야구단이 수원으로 연고지를 옮기기 전까지 한

| 1970년대 연안 객선부두 화도진도서관 소장 (『1960년대 인천풍경』)
부두 위로 보이는 하얀색 건물이 해망대산에 자리 잡은 올림푸스 호텔(지금 파라다이스 호텔)이다.

달에 몇 번은 도원동 야구장을 찾았다. 경기가 끝나면 스피커를 통해 울려 퍼졌던 노래, '어쩌다 한 번 오는 저 배는 무슨 사연 싣고 오는 지…'로 시작되는 김트리오의 '연안부두'를 통해 연안부두를 알았다.

인천 연안을 오가는 여객선과 소형 어선이 주로 이용하는 연안부두는 중구 항동 1가에 위치한다. 바다였던 이곳이 매립되어 연안부두라는 이름이 붙은 것은 1973년 5월로, 이전까지 인천의 섬을 오가던 연안 여객선은 아펜젤러와 언더우드가 첫발을 디뎠던 그 자리, 기독교 100주년 기념탑 아래에서 출발했다. 인천 사람들은 이곳을 '객선부두' 또는 '선창(船艙)'이라 불렀다. 1918년 갑문식 도크(Dock)가 만들어지면서 수심과 조수의 차로 접안이 어려웠던 큰 배들은 지금 제1

부두라 불리는 도크에 정박했고, 연안을 오가던 소형 여객선과 어선들이 선창 주변으로 모여들었다. 조선시대 아니 그보다 훨씬 이전부터 바닷길이 시작되었던 이곳이 선창으로서 생명을 다한 것은 월미도와 소월미도 사이에 갑문을 설치하고, 매립을 통해 만들어진 인천 내항 때문이다.

1974년 인천항 확장공사가 준공되자 2천 톤급 이상에서 5만 톤급 이하의 선박만 내항 입항을 허가하였고, 내항에 있던 객선부두는 고철을 취급하는 전용부두로 탈바꿈하여 '인천항 8부두'라는 새로운 이름이 붙었다. 이곳을 드나들던 3천여 척의 연안 여객선과 소형 어선들은 항동 매립지의 새로운 연안부두로 옮겨갈 수밖에 없었다. 선창으

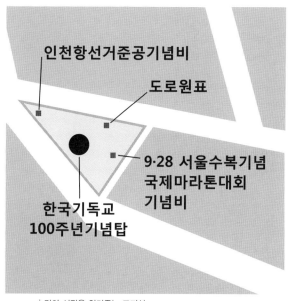

| 길의 시작을 알려주는 표지석

로 불리던 시절 사람들은 바닷길을 통해 부두에 내린 뒤, 땅의 길을 따라 저마다의 목적지로 향했다. 그러기에 이곳은 바닷길과 육지의 길이 만나는 장소였던 셈이다. 바닷길이 담장으로 막혀버린 지금, 이곳에는 선창으로서 생명을 다하던 날 건립한 '인천항 선거 준공 기념비'가 서 있다. 이제 오가는 사람마저 뜸해진 데다 길 건너 드문드문 남아 있는 어구(漁具) 가게만이 선박과 사람으로 북적대던 전성기를 추억하는 듯하다.

길의 시작점, 도로원표

이동 범위가 제한적이었던 전통시대 사람들은 도로나 거리(距離)에 대한 개념이 명확하지 않았다. 『동국여지승람』이나 『여지도서』 등 조선시대 간행된 지리지에 '리(里)'로 표기된 거리는 영역의 범위를 설정하거나 서울에서 얼마나 떨어져 있는지를 알리는 데 주로 쓰였다. 도로에 대한 항목은 대부분의 지리지에서 아예 빠져 있으며, 통치나 군정을 목적으로 제작된 지도에 도로망이 표시될 뿐이었다. 길과 거리의 개념이 비교적 분명해진 것은 개항 이후 원거리 이동이 빈번해지면서부터다. 개화파이자 지식인이던 김옥균은 『치도약론(治道略論)』이라는 저술을 통해 도로의 개설과 관리를 법제화하자고 주장하였고, 1906년 4월 대한제국 정부는 치도국(治道局)을 설치하여 도로 건설을 전담시켰다.

도로의 관리가 제도적으로 정비되기 시작한 것은 일제강점기에 들

| 도로원표 (조오다 촬영)

어서였다. 1914년 조선총독부는 경성과 부산, 인천 등 전국 10개 주요 도시에 도로의 기준점이 되는 도로원표를 세우게 했다. 그에 따라 전국 도로의 기준점이 되는 경성 도로원표를 지금 서울 세종로의 이순신장군 동상 자리에 세우고, 각 도시까지의 거리를 새겨 넣었다. 여기에 새겨진 인천까지의 거리는 40km다. 1937년 세종로의 차량 통행이 많아지자, 도로원표를 고종황제 즉위 40년을 기념하기 위해 건립한 '칭경기념비전(稱慶記念碑殿)' 앞으로 옮겨 세웠다.

인천의 도로원표는 어디에 세워졌을까? 조선총독부 관보에 따르면 도로원표는 인천세관 본청사 앞에 두었다고 한다. 당시 인천세관은 지금 한중문화관 인근에 있었기 때문에 그 앞 어딘가에 있었을 것이다. 하지만 어느 시기엔가 사라져 버렸고, 1994년 12월 정부에서 새로 세운 도로원표가 기독교 선교 100주년 기념공원 초입의 수풀 속에 남아 있을 뿐이다. 모두 3단으로 구성된 도로원표의 하단에는 '주문진 284km, 동해시 309km, 간성 237km'라 새겨져 있고, 사각뿔 형태의 상단에 '도로원표'라는 글자가 음각되어 있다. 6번 국도와 42번, 46번 국도가 모두 여기서 시작됨을 의미하며, 아울러 종점까지의 거리를 알려준다.

비킬라 아베베가 섰던 곳

어릴 적 잠시 학교 육상부에 들었던 적이 있다. 아니 정확히 말하면 학교 대표 선발을 위해 반에서 달리기 좀 한다 싶은 녀석들을 모아 놓은 상비군에 뽑힌 것이다. 물론 1차 선발에서 보기 좋게 떨어져 나의 유일한 육상부 경력은 그것으로 끝이 났다. 그때 선발되지 못한 우리들에게 선생님은 무언가 격려의 말씀을 하셨던 것 같다. 어스름한 기억 속 또렷이 남아 있는 선생님의 한마디는 '일장기를 가슴에 달고 뛰었던 손기정'과 '맨발로 42.195km를 달렸던 아베베'였다. 손기정이야 평소 자주 접했던 위인이었지만, 아베베는 어느 나라 사람인지도 모르는 생소한 인물이었다. 거리 감각이 없었던 나에게 42.195km는 어마어마한 거리였고, 그 거리를 맨발로 뛰었던 아베베는 발바닥이 매우 튼실했을 것 같은 사람으로 기억되었다.

비킬라 아베베(Bikila Abebe)는 에티오피아 출신의 마라토너다.

| 1959년 국제마라톤대회 기념비 제막식 화도진도서관 소장 (『1960년대 인천풍경』)

| 1966년 제3회 국제마라톤대회에 참가한 아베베
인천시립박물관 소장 (박근원 촬영)
출발 직전 대회 관련자들이 아베베의 몸 상태를 검사하고 있다.

1960년 로마올림픽 마라톤에 맨발로 출전하여 세계 신기록을 세우며
우승하였고, 1964년 도쿄올림픽에서 다시 한 번 금메달을 목에 걸면
서 올림픽 최초로 마라톤 2연패를 달성했다. 6·25전쟁 때에는 에티오
피아 군의 일원으로 참전하여 우리나라와 인연이 깊은 인물이다.

1966년 10월 30일 오전 올림포스 호텔(지금의 파라다이스 호텔) 아래
해안동 로터리에 마련된 9·28 서울 수복 기념 제3회 국제마라톤대회
출발점에 비킬라 아베베가 모습을 드러냈다. 2회 연속 올림픽 금메달
리스트인 그의 출전소식이 알려지자 체육계뿐 아니라 나라 전체가 술

렸다. 서울 수복을 기념하기 위해 개최된 마라톤대회에 참전 용사였던 아베베의 참가는 상징적 의미가 컸다. 그런 탓인지 출발점 주변으로 많은 시민과 내외신 기자들이 모여 있었고, 마라톤 코스였던 경인가로 연변은 아베베를 보기 위해 모여든 사람들로 넘쳐났다. 그날 정오 그를 포함한 네 명의 외국인 선수와 열 명의 한국 선수는 결승점인 서울 중앙청(지금 경복궁 흥례문 자리)을 향해 출발했다. 숭의동 로터리를 지나면서 선두로 나선 아베베는 결국 2시간 17분 4초의 기록으로 우승을 차지했다.

아베베가 출전한 9·28 서울 수복 기념 국제마라톤대회는 1959년 9월 29일 한국일보사 주최로 처음 개최되었다. 6·25전쟁 당시 인천 상륙에 성공한 연합군의 서울 탈환을 기념하기 위해 마련한 대회였다. 출발지점은 7년 뒤 아베베가 섰던 바로 그 자리, 지금 한중문화관 인근의 해안동 로터리였고 결승점은 서울 중앙청이었다. 이 대회에는 외국 선수 7명과 42명의 한국 선수가 참가했는데 우리나라의 이창훈이 2시간 24분 7초로 우승하였다.

아베베가 섰던 국제마라톤대회의 출발점은 인천의 도로원표가 서 있던 자리다. 여기에서 우리나라 도로의 기준점이 되는 세종로 사거리까지의 거리는 40km로 얼추 마라톤 코스와 일치한다. 더구나 이 코스는 원통이고개만 넘어서면 중앙청까지 거의 평지에 가까웠기 때문에 달리는 사람의 입장에서도 크게 어렵지 않은 길이었다. 6·25전쟁 당시 연합군이 진격했던 코스에서 참전국 선수를 초청하여 개최한 국제마라톤대회, 지금 생각해도 꽤 재미있는 기획이다. 더구나 7년 뒤에는 전쟁에 직접 참전했던 세계적 스타 비킬라 아베베가 참가하지 않았던가. 조금 엉뚱한 발상이지만, 그 시절 아베베가 달렸던 길을 따라 마라톤대회를 다시 개최하는 것은 어떨까? 그것이 9·28 서울 수복 기념이어도 좋고, 개항기 아펜젤러와 언더우드의 선교길을 상징한다 해도 좋다. 이 길은 개항 이후 조선을 찾은 많은 외국인들이 오갔던 길이며, 지금도 인천과 서울을 이어주는 통로이지 않은가.

이제 아펜젤러와 언더우드가 첫발을 디뎠던 이곳, 맨발의 아베베가 달리기 위해 서 있던 장소에서 길을 시작하려 한다. 이곳은 한때 바닷길과 땅의 길이 만났던 곳이자 인천에서 길이 시작됨을 알리는 도로원표가 서 있는 곳이기 때문이다.

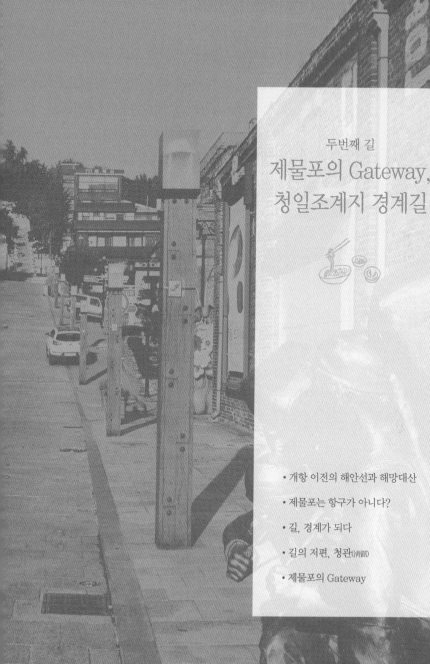

두번째 길
제물포의 Gateway,
청일조계지 경계길

비가 오는 데도 이곳은 여전히 사람들로 붐빈다.

늦은 아침을 먹고 나왔는데도

중국음식 특유의 냄새 탓인지 배가 고프다.

계단 위 비를 맞고 서 계신 공자님이 왠지 처량해 보인다.

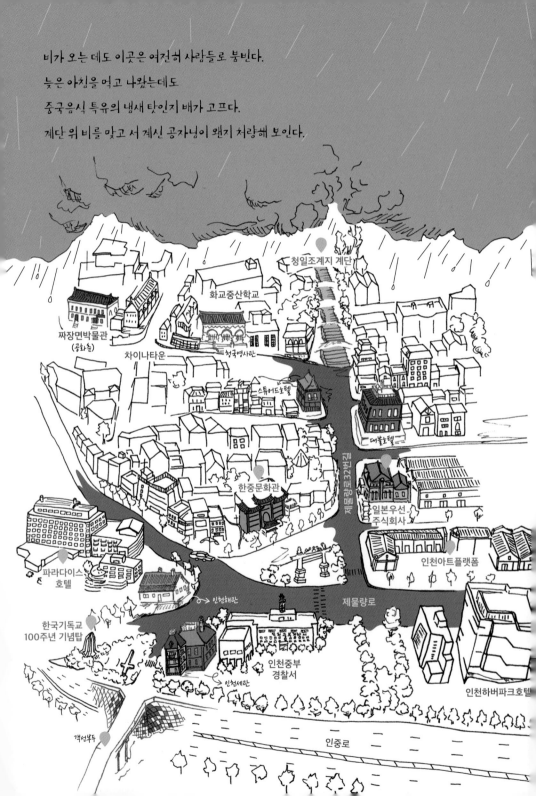

청일조계지 계단

화교중산학교

짜장면박물관
(공화춘)

차이나타운

청국영사관

스튜어드호텔

더블호텔

한중문화관

제물량로32번길

일본우선
주식회사

인천아트플랫폼

파라다이스
호텔

인천해관

제물량로

한국기독교
100주년 기념탑

인천중부
경찰서

인천하버파크호텔

인천세관

객선부두

인중로

1883년 1월 1일 인천도호부의 서쪽 끝, 한적한 포구마을에 불과했던 제물포에 외국 선박의 입항이 공식적으로 시작되었다. 인천 사람들에게 제물포는 남구 숭의동 제물포역 일대로 알려져 있지만, 원래는 인천역 주변의 포구를 부르던 이름이었다. 개항장 인근에 출입국 업무를 담당하는 인천항 감리서를 설치하고 인천부사가 감리를 겸하게 되면서, 제물포라는 이름 대신 인천항이라 부르기 시작했다. 서울에서 가까운 지리 조건은 한적하기만 했던 제물포를 조선의 관문으로 변화시켰다.

개항 이전의 해안선과 해망대산

　　길의 시작점, 기독교 100주년 기념탑에서 북쪽 언덕 위로 흰색 건물이 눈에 들어온다. 인천에서 처음 엘리베이터가 설치되었다는 파라다이스 호텔이다. 호텔이 자리한 낮은 동산을 사람들은 '해망대(海望臺)' 또는 '해망대산'이라 부른다. '바다가 바라보이는 높고 평평한 바위', 뜻을 풀어놓고 보니 호텔 건물이 서 있는 언덕이 달리 보인다. 1879년 제작된 『화도진도』에 그려진 이 언덕은 '해망대 토둔(土屯)'이라 적혀 있다. 토둔은 총탄이나 화살로부터 몸을 보호하기 위

해 쌓은 낮은 흙벽을 말한다. 해망대는 단순히 바다를 바라본다는 뜻
보다 적선의 출몰을 감시한다는 군사적 의미에서 비롯된 것으로 보인
다. 개항 이전 이곳은 응봉산(지금 자유공원) 줄기가 서쪽으로 흘러내
리다 바다를 향해 다시 솟아오른 모습이었다. 1940년대 인천역과 중
부경찰서를 연결하는 도로 공사로 산줄기가 잘리면서 해망대는 산이
되어 버렸다. 사람들이 해망대산이라 부르는 이유일 것이다.

　바다를 향해 솟아오른 듯한 해망대는 조선시대부터 여러 용도로
사용되어 왔다. 개항 이후 영국영사관을 두었던 곳이며, 조선전기 제
물진(濟物鎭)이라는 수군 기지도 있었다. 월미도와 영종도 사이의 바
다는 고려시대부터 삼남지방의 세곡(稅穀)을 싣고 개성과 서울로 향
하던 조운선의 물길이었고, 해망대 주변은 인천지역의 세곡을 보관하
던 창고, 성창(城倉)이 있던 곳이다. 고려 말에서 조선 초, 인천 연안은
조운선과 민가를 약탈하는 왜구의 침입이 잦았던 지역이다. 조선전기
왜구를 막기 위한 수군의 군영을 전국 해안에 설치했는데 인천에 두
었던 수군 기지가 제물진이다.

　1656년 제물진이 강화도로 이전하면서 쓸쓸한 포구마을로 전락했
던 이곳에 다시 군사시설이 설치된 것은 개항을 앞둔 시점이었다. 조
선 정부는 강화도조약으로 합의한 세 곳의 개항장 중 마지막 개항장
의 위치를 두고 일본과 힘겨루기에 들어갔다. 일본 정부가 서울에서
가까운 인천의 개항을 끈질기게 요구해 오자, 조선에서는 혹시 있을
지도 모를 그들의 군사 행동을 대비해 인천과 부평 연안에 포대를 설
치하고 화도진과 연희진을 두어 해안 방비를 강화했다. 화도진 관할
에 모두 8개의 포대가 배치되었는데 그 중 해망대산 북쪽과 동쪽 해

|『화도진도』에 보이는 해망대산과 제물북변, 남변포대 국립중앙도서관 소장
중앙의 해망대 토둔을 기준으로 좌측에 제물북변포대, 우측에 제물남변포대가 그려져 있다.

안을 따라 '제물북변포대'와 '제물남변포대'가 만들어졌다.

조선후기 설치된 포대는 바다에서 눈에 띄지 않아야 했기 때문에 대부분 해안선과 맞닿아 있다. 그러기에 해망대산 주변의 포대는 개항 이전 제물포의 해안선과 일치한다. 바다를 향해 불쑥 튀어나온 나지막한 해망대산과 그 옆으로 이어지는 포대들, 개항 후 조선을 찾은 이방인의 눈에 비친 제물포의 첫 모습이자 조선의 첫 인상이었다.

제물포는 항구가 아니다?

개항 직후 제물포의 부두 상황은 배를 타고 내리기에 썩 좋지 못했다. 훗날 대한제국의 재정 고문이기도 했던 독일인 묄렌도르프(P. G. von Möllendorff)는 조선의 세관 창설 업무를 총괄하기 위해 개항을 20여 일 앞둔 1882년 12월 제물포에 내렸다.

> 12월 10일 나는 몇 명의 조선 사람들과 함께 배에서 내렸으나 썰물 때문에 상륙하는 것이 어려웠으므로 월미도로 가서 조선식의 아침 식사를 했다. 그곳에서 우리는 조선의 거룻배를 타고 육지로 건너갔다.
>
> - 묄렌도르프, 『묄렌도르프 자전(외)』, 집문당, 1999

묄렌도르프가 자서전에서 언급한 제물포의 모습은 썰물 때

| 개항 후 해망대산 남쪽에 신설된 부두 잔교 인천시립박물관 소장

에는 배를 댈 수 없을 정도로 부두 시설이 열악한 상황이었다. 1년 뒤 1883년 12월 조선을 찾은 미국 외교관 퍼시벌 로웰(P. Lowell)의 기록을 보면 개항 이후에도 이러한 상황은 좀처럼 나아지지 않았다.

제물포는 항구가 아니다. 해변과 진흙으로 된 평지가 있을 뿐, 항구로서는 부적당하다. 대신에 하나의 정박지로서 해변 가까이 가는 일 자체가 항해이다.

– 퍼시벌 로웰, 『내 기억 속의 조선, 조선 사람들』, 예담, 2001

제물포가 항구로서 적합하지 않다는 것은 이미 조선 정부에서도 알고 있었던 것으로 보인다. 개항 이전부터 새로운 접안시설을 만들려는 계획을 세우고 있었기 때문이다. 조선시대 제물포의 부두는 해망대산 북쪽, 그러니까 지금 인천역 부근에 있었다. 개항을 앞두고 기존의 허술한 부두 시설을 그대로 사용하기는 어려웠을 것이다. 1882년 조선 정부는 해망대산 남쪽으로 새로운 방파제와 부두의 건설을 계획하였고, 공사가 완료된 뒤 부두를 이곳으로 옮겨왔다. 썰물 때에도 신발에 진흙을 묻히지 않고 상륙할 수 있게 되었던 것이다. 당시 신설된 부두의 잔교가 지금 한중문화관에서 기독교 100주년 기념탑으로 이어지는 길이다. 배에서 내린 사람들은 석축 제방이었던 이 길을 따라 인천 땅을 밟았으며, 한중문화관 자리에 있던 인천해관 – 1907년 인천 세관으로 이름을 바꾼다 – 에서 통관 절차를 거친 뒤에야 비로소 조선에 입국할 수 있었다.

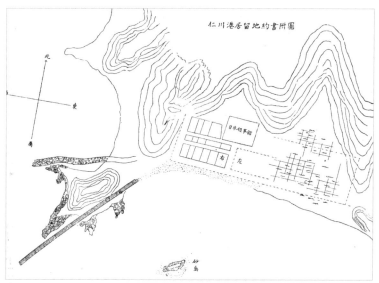

| 개항 초기 기존 부두와 신축 잔교 배치도
해망대산을 기준으로 위가 기존 부두, 아래가 신축 잔교다.

　　새롭게 건설된 부두 시설이라 해야 조수에 상관없이 선박을 접안
할 수 있는 잔교와 수출입 물품을 쌓아두는 야적장 정도였다. 인천항
을 통해 들고나는 사람이 많아지고, 러일전쟁 이후 항구의 물동량이
급격히 늘어나면서 기존의 부두로는 이를 감당하기 어려워졌다.
1906년 대한제국 정부는 늘어나는 물동량을 처리할 수 있는 새로운
항만시설 건설에 착수하였다. 세관 앞 바다를 메워 부지를 확보하고
여기에 세관 청사(지금 중부경찰서 자리)와 창고 등을 새로 짓는 한편,
보다 큰 선박이 접안할 수 있는 대형 잔교를 설치하는 계획이었다.
1912년 3월, 신축 부두의 매립공사가 마무리되자 세관 청사와 창고
등을 이곳으로 옮겨 왔다. 그리고 기존의 석축 잔교를 대신할 두 개의

철제 잔교가 매립지 남쪽으로 신설되면서 인천항은 비로소 항구다운
모습을 갖추게 되었다.

길, 경계가 되다

　　해망대산 아래에서 길은 인천우체국 방향으로 시원스레
뚫려 있다. 근대기 인천 땅을 밟았던 이방인들의 서울 가는 길을 따라
가려면, 더하여 개항장의 정취를 제대로 느끼려면 중부경찰서 건너편
한중문화관과 아트플랫폼 사이로 방향을 틀어야 한다. 여기서 완만하
게 시작된 오르막이 점점 가팔라지더니 급기야 계단을 만난다. 인천
광역시 기념물 51호로 지정된 '청·일조계지 경계 계단'이다. '청국조
계와 일본조계의 경계가 되는 계단'이라는 뜻으로 계단의 동쪽은 일
본조계, 서쪽은 청국조계가 된다.

　조계(租界)란 쉽게 말해 개항장 내에 설치된 다른 나라의 조차지(租
借地)로, 땅을 조차한 국가의 법이 적용되는 이른바 '나라 안의 나라'
인 셈이다. 일본조계와 청국조계 외에 인천에는 두 나라를 비롯하여
영국, 독일, 미국 등 다섯 나라가 공동으로 관리하는 각국 공동조계가
있었다. 우리나라 개항장 중 세 개의 조계지가 있었던 곳은 인천이 유
일하다.

　계단석 두 개를 올라 완만한 오르막을 만나고, 다시 몇 개의 계단석
과 오르막이 반복되다 끝부분 급경사에 가서야 계단만 층층이 놓은
독특한 구조를 하고 있다. 경사가 점점 가팔라지는 지형에 맞게 오르

| 1904년 잭 런던이 촬영한 청일조계지 경계 계단 헌팅턴 디지털 라이브러리 (Huntington Digital Library) 소장
잭 런던이 러일전쟁 종군기자로 인천에 머물 당시 촬영한 사진이다.

| 석등과 공자상으로 장식된 청일조계지 경계 계단 (조오다 촬영)

막과 계단을 적절히 배치한 것이리라. 이 계단이 청국과 일본조계의 경계였다는 것을 친절히 알려주고 싶었던 것일까? 계단 좌우로 중국, 일본풍의 석등이 줄지어 서 있다. 굳이 이렇게까지 하지 않아도 사람들은 계단 양쪽의 대비되는 풍경만으로 청·일 조계의 경계를 짐작할 수 있을 것이다. 무엇보다 석등이 없던 시절, 주변 건물과 어울리는 소박했던 계단의 모습을 떠올리면 어색하다 못해 억지스럽다. 민낯이 훨씬 어여쁜 여고생이 짙게 화장한 얼굴로 나타난 느낌이라고나 할까. 1904년 소설『강철군화』의 작가 잭 런던(Jack London)이 촬영한 이 계단의 모습은 소박하기 그지없다. 러일전쟁 당시 종군기자였던 잭 런던이 인천에 머물면서 찍은 사진이다. 사진 속 계단의 모습은 억지

스런 석등도, 위압적인 공자상도 없는 처음 모습 그대로다. 과도한 포장은 오히려 도시의 품격을 떨어뜨린다.

조계의 경계가 되는 것이 어찌 계단뿐이랴. 계단에 이르는 오르막길 전체가 청국과 일본조계의 경계를 이룬다. 누군가 그것을 친절히 알려주지 않더라도 왼쪽으로 줄지어 서 있는 중국음식점과 지금 아트플랫폼으로 사용되는 오른쪽의 창고들을 통해 길 양쪽의 분위기가 크게 다름을 쉽게 알 수 있다. 길은 이미 경계를 이루고 있는 것이다.

길의 저편, 청관(淸館)

경계가 된 길의 왼쪽, 중국 음식점이 즐비하게 들어선 곳이 청국조계가 있던 곳이자 인천을 대표하는 관광지 '차이나타운'이다. 지금이야 밤낮 가릴 것 없이 사람들로 북적이지만, 불과 10여 년 전만 해도 스산하기 이를 데 없었던 곳이다. 중구 일대에서 어린 시절을 보낸 사람이라면 누구나 그곳에 대한 으스스한 이야기를 들은 적이 있을 것이다. 그런 부류의 이야기에 등장하는 중국 사람은 대부분 어린아이를 학대하는 잔인하고 흉폭한 인물이었고, 화교나 중국인이라는 말 대신 '짱궤', '뙤놈' 등으로 불렸다. 대개 부모들이 자신의 아이를 화교들과 가까이 하지 못하게 하려는 의도에서 만들어 낸 이야기였다. 그렇게 무시하고 차단시키려 했던 화교들의 공간을 선한 이웃의 동네라는 뜻을 가진 '선린동(善隣洞)'으로 부르고 있으니 아이러니하기만 하다.

'바닷물이 닿는 곳에는 예외 없이 화교가 존재한다'는 말에서 알 수 있듯이 세계 어느 도시에나 화교가 진출해 있고, 그 지역의 상권을 장악하고 있다. 우리나라도 마찬가지여서 개항 이후 중국인들의 진출이 두드러졌고, 그들이 조선 진출의 발판으로 삼았던 곳이 바로 인천이다. 1884년 조선과 청나라 사이에 체결된 「인천구화상지계장정」에 따라 인천 개항장 서쪽에 5천 평 규모의 청국조계가 설치되었고, 이곳은 조선으로 진출하려는 중국 상인들의 교두보가 되었다. 1905년 통감정치가 시작되면서 일본식 지명인 지나정(支那町)이 되었다가 일제강점기에 미생정(彌生町)으로 고쳐 불렀다. 광복이 되면서 우리식의 선린동이란 이름을 얻게 되지만, 1977년 인근의 북성동과 병합되어 지금에 이르고 있다.

　처음 중국인들이 인천에 들어왔을 때부터 변함없이 이곳을 가리키

| 일제강점기 **청관 풍경** 인천시립박물관 소장

는 이름이 있으니 바로 '청관'이다. 청관이란 청나라의 관청이 있던 곳을 가리키는 것으로, 조선후기 중국과의 무역이 열렸던 회령부에 설치한 청나라의 상관(商館)을 청관이라 부른 것에서 유래한다. 개항 이후 청국영사관을 두었던 부산, 원산, 인천에서는 중국인들이 모여 사는 곳을 모두 청관이라 불렀다. 한국사에 있어 청관은 일반명사일지 모르겠으나, 인천 사람에게 청관은 고유명사이자 차이나타운보다 훨씬 더 정겨운 이름이다.

제물포의 Gateway

길은 공간과 공간을 나누는 경계이기 전에 서로 다른 공간을 이어주는 통로가 된다. 일본조계와 청국조계를 가르는 길은 1883년 9월과 이듬해 3월 각각 두 나라와 조계 설정에 관한 조약을 체결하면서 생겨났다. 일본이 응봉산 남쪽 구릉을 조계지로 선점한 데 이어 그 서쪽 경계에 접하여 청국조계가 들어선 것이다. 자연스레 두 나라의 조계 사이로 길이 만들어졌고, 이 길은 다시 양국의 조계지로 이어지는 길과 만난다. 길을 경계로 나누어진 두 공간이 길을 통해 이어지고 있다.

이 길은 청관과 일본조계를 이어주었을 뿐 아니라 부두와 개항장을 연결하는 통로이기도 했다. 부두 끝 세관에서 통관 절차를 마친 사람들은 세관 옆으로 이어지는 이 길을 통해 개항장으로 들어올 수 있었다. 길의 초입 일본조계가 시작되는 지점에 근대건축물 한 채가 남

아 있다. 등록문화재 제248호로 지정된 일본우선주식회사 인천지점
이다. 보수공사 당시 발견된 상량문에서 1888년에 지어진 건물임이
확인되었다. 아마도 인천에 현존하는 근대건축물 중 가장 오래된 건
물일 것이다. 일본우선주식회사는 1885년 도쿄에 설립된 해운회사
로, 이듬해 인천에 출장소를 두고 일본과 인천을 잇는 해운업을 시작
했다. 건물이 있는 자리는 일본조계의 끝부분으로, 남쪽은 바다에 접
하고 서쪽으로 세관이 있었다. 해운회사라는 업무 특성상 세관 가까
이에 지점을 둔 것은 당연한 일일 것이다.

　오르막의 중턱으로는 우리나라 최초의 근대식 호텔인 대불호텔과
스튜어드호텔이 마주보고 있었다. 일본조계에 있었던 대불호텔은 일
본인 해운업자 호리 히사타로[堀久太郞]가 1884년경 건립한 우리나

라 최초의 근대식 호텔로 지금은 빈터만 남아 있다. 대불호텔 맞은 편 청국조계에는 중국인 양기당(梁紀堂)이 운영하던 스튜어드(Steward) 호텔이 있었다. 경인철도가 놓이기 전 제물포에서 육로를 이용해 서울까지 가려면 12시간이 넘게 걸렸다. 길이 좋지 않은 데다 한강을 건너야 했기 때문이다. 제물포에 내린 이방인들은 대부분 이곳에서 하룻밤을 묵고 다음날 서울로의 여정을 시작해야 했다. 지금도 역전이나 터미널 앞으로 여관촌이 형성되듯이 당시에도 부두 근처에 여행객의 숙박을 위한 호텔과 여관이 들어섰다.

일본우선회사 인천지점과 두 개의 서양식 호텔은 이 길이 부두에서 개항장으로 향했던 주 통로였음을 말해 준다. 1918년 축항공사가 완공될 때까지 배에서 내린 이들과 배를 타려는 사람들로 북적이던 거리였을 것이다. 그런 의미에서 이 길은 근대기 제물포의 Gateway였다.

| 일본우선주식회사 인천지점 (조오다 촬영)

해망대산 아래 부두

개항 당시의 부두와 해관

　　조선시대 선박의 출입처로 이용되던 제물포는 해망대산 북쪽, 지금의 인천역 부근에 있었다. 바닷가로 바위들이 돌출되어, 갯벌이 주를 이루던 다른 해변에 비해 배를 정박하기 쉬웠기 때문이다. 그러나 근대식 부두 시설이 아니었기에 배를 접안하고 화물과 사람이 오르내리기는 아무래도 불편하였다. 일본은 개항 전부터 인천에 가건물을 짓고 영사업무를 시작했고, 이미 자신들의 조계지를 지금 중구청 일대로 확정한 상태였다. 그리고 일본조계의 서쪽, 지금 한중문화관 앞으로 새로운 부두 시설과 잔교를 설치해 줄 것을 조선 정부에 요청했다. 조선시대부터 부두로 사용해 왔던 기존의 제물포에 새로운 접안 시설을 설치하는 것보다 자신들의 조계에서 가까운 해망대산 남쪽에 잔교를 설치하는 것이 부두의 이용에 유리하기 때문이었다. 그러나 1883년 1월 1일을 기해서 인천항이 개항했음에도 여전히 잔교 공사는 진행 중이었고, 공사가 완료될 때까지 기존의 부두를 임시로 이용하였다. 새로운 부두 시설 공사는 1883년 말에 마무리되었으며, 이후 인천항의 출입구로 활용된다.

　　개항이 되면서 들고나는 물품에 관세를 부과해야 했던 해관도 업무를 개시했다. 1883년 6월 창설된 인천해관은 부두 근처에 두어야 했으므로 처음 해관의 위치는 인천역 부근이었을 것으로 보인다. 최근 언론을 통해 이를 입증할 만한 자료가 소개되었다. 자료에 대한 고증이 아직 부족하여 추가 자료가 확보되어야 하겠지만, 해관의 최초 위치에 대한 추정은 신뢰할 만하다. 개항 당시의 부두가 있던 인천역 인근에 임시 건물을 짓고 해관 업무를 시작했다가, 해망대산 남쪽의 부두 신설 공사가 마무리되면서 이쪽으로 옮겨온 것으로 보인다.

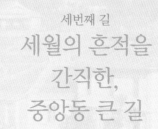

세번째 길
세월의 흔적을
간직한,
중앙동 큰 길

그새 건물을 고쳤나보다. 삼화다방이 어디였더라?

그러고 보면 이 동네는 안변하는 것 같으면서도 참 빠르게 변해간다.

다방이 없어진 대신 카페만 잔뜩 생겼다.

자유공원

제물포구락부

관동교회

카페 팟알
(대화조)

중구청
(일본영사관)

인천광역시
역사자료관

각국조계 계단

인천제일교회

개항박물관
(일본 제1은행 인천지점)

대불호텔

인천근대건축사전시관
(일본 제18은행 인천지점)

인천중구외식업지부
(일본58은행 인천지점)

우리탄의 집
(吳禮堂)

일본우선
주식회사

관동갤러리

신포로

인천아트플랫폼

삼화다방

하버파크호텔

세창양행사옥

스텐더드차타드은행

제물량로

선광빌딩

청실홍술
(중파)

인중로

중동우체국

신포사거리

"중화루 자리에서 중앙동 큰 길을 지나 제일은행 앞을 거쳐 뉴욕제과점까지가 본정통이었다" 신태범 선생이 쓴 『인천한세기』에 나오는 구절이다. 중화루는 대불호텔이 문을 닫은 뒤 그 건물에서 1918년 즈음부터 영업을 시작한 중국 요릿집으로 1978년 철거되었다. 제일은행은 영국계 스탠다드차타드 은행의 간판을 걸고 있고, 모밀국수로 유명한 청실홍실의 왼쪽, 편의점 자리가 뉴욕제과점이 있던 곳이다. 선생은 이 책에서 본정통을 일제강점기 인천의 3대 번화가 중 하나로 소개하고 있다. 대개 일본의 도시에서 가장 번화한 공간을 혼마치[本町], 그곳을 가로지르는 길을 혼마치토오리[本町通り]라 부른다. 이 용어는 일제강점기를 거치며 우리나라에 그대로 이식되어 전국 주요 도시마다 혼마치와 혼마치토오리, 우리말로 본정과 본정통이 있었다. 다른 도시와 마찬가지로 인천의 본정 역시 근대기 인천의 도심이었고, 본정통은 도심을 관통하는 중심가로였다.

　광복을 맞이하면서 사람들은 이 길에서 본정통이라는 이름을 지워 버렸다. 그리고 이를 대신할 만한 이름을 찾지 못했다. 도로명 주소가 사용되면서 이제 이 길의 공식 명칭은 '신포로 23번길'이다. 신포로 23번길이라. 어째 입에 잘 붙지 않고, 이름만으로는 길의 모습을 떠올리기 어렵다. 신태범 선생의 글에서처럼 '중앙동 큰 길'이라는 이름이 훨씬 정겨운 건 나뿐일까.

견출지처럼 구획된 공간

주민등록이 서울로 되어 있던 시절, 나에게 시내는 종로 일대였다. 집을 나서며 "시내 다녀올게요"라는 인사는 곧 종로 어딘가에서 놀고 오겠다는 말이었다. 지도 위에서 종로라는 공간은 분명하게 구분된다. 교보빌딩이 서 있는 세종로 사거리에서 동대문까지 교차로가 있는 곳마다 1가에서 6가로 나누어지고, 종로의 남쪽으로 이어지는 청계천, 을지로, 충무로, 퇴계로 역시 같은 방식이다. 설령 서울 도심에서 정확한 지번을 모른다 해도 종로 2가 어디쯤이라 하면 대강 그 위치가 짐작된다. 하지만 길 위에서 마주하는 종로의 공간, 특히 교차로마다 구분되는 'ㅇ가'의 개념은 때때로 나를 혼란스럽게 한다. 예를 들어 단성사, 피카디리극장, 서울극장 등 개봉관이 모여 있던 종로 3가는 교차로를 가리키는 것인지, 공간을 말하는 것인지 도무지 분간이 서지 않았다.

주민등록을 인천으로 옮기고 나서 일이나 공부 때문에 개항장 일대를 자주 돌아다녀야 했다. 지도를 펼친 채 길과 공간을 알아 가면

| 개항장 항공사진 인천시립박물관 소장
일제강점기 때 촬영한 개항장 항공사진. 격자형으로 구획된 가로망이 눈에 띈다.

중심이 되어 갔다. 일본인들은 자국 거류지를 일본풍이 아닌 유럽풍으로 만들었다. 일본의 전통적인 건축 양식에 서양의 그것을 섞어놓은 의양풍(擬洋風) 건물이 일본식 건물과 함께 들어섰으며, 벽돌이나 석재를 사용한 서양식 건축물도 다수 세워졌다. 청일전쟁이 시작될 무렵 조선을 여행했던 오스트리아 출신의 작가 헤세 바르텍(E. von Hesse-Wartegg)은 제물포의 일본인 거리를 색다른 시선으로 바라보았다.

> 비록 제물포의 중심 지역이 일본인 지역이긴 해도 왜색은 거의 보이지 않는다. 호텔과 상점에서부터 우체국과 영사관 건물에 이르기까지 상당수가 유럽스타일로 지어졌고, 주민들도 각양각색의 유럽식 옷을 입고 있다.
>
> - 헤세 바르텍, 『조선, 1894년 여름』, 책과함께, 2012

제물포에 두었던 일본땅, 일본조계지에는 개항 초기에 지어진 유럽풍의 건물에서부터 이곳에 터전을 마련한 일본인의 가옥, 광복 후 신축과 개축을 반복하며 지어진 현대식 건물들이 뒤섞여 130년 넘게 쌓여 온 세월의 흔적을 그대로 보여 준다. 일본조계의 한복판에 나란히 서 있는 세 채의 은행 건물은 이 공간이 간직한 역사를 말해 주고 있으며, 이곳이 한때 개항장의 금융 중심가였음을 대변한다. 여기에 가장 먼저 들어선 은행은 일본 제1은행이다. 조선 정부와 제물포 조계 설정에 관한 조약을 체결한 직후인 1883년 11월, 일본 정부는 제1국립은행 부산지점의 인천출장소를 개설하였다. 일본에서 건너오는 상인과 무역업자가 늘어나자, 1888년 9월 인천지점으로 승격시키고 그 출장소를 서울에 두었다. 이어서 1890년 일본 제18국립은행의 인천 지점이 문을 열었고, 2년 뒤 오사카에 본점을 둔 제58국립은행 이 들 어섰다.

세 곳의 은행은 모두 일본 정부가 세운 국립은행으로 제물포에 터를 잡은 일본인의 업무 편의를 위해 운영되었다. 일본 제1은행은 조선에서 나는 금괴나 사금을 매수하기 위해 인천에 출장소를 두었고, 이외에도 세관 관련 업무를 위탁받아 처리하였다. 1890년대 인천에

| 일제강점기 본정통 은행가 인천시립박물관 소장
오른쪽부터 제1은행, 18은행, 그 옆의 2층 건물이 58은행이다.

살고 있던 일본인의 30%가 나가사키 출신이었는데 이들의 편의를 위해 나가사키에 본점을 두고 있던 제18은행이 지점을 개설하였다. 제58은행 인천지점은 인천전환국에서 발행하는 새로운 화폐와 구화폐를 교환하거나 이를 한꺼번에 취급하기 위해 설립한 것이다. 다시 말해 세 곳의 일본 은행은 개항 초기부터 광복 전까지 인천의 금융시장을 장악했던 일제의 대표적인 수탈 기관이었다.

각국조계지에 각국은 없다

자유공원 제일교회 아래 계단에서 중앙프라자 건물을 지나 남쪽으로 뻗은 길이 일본조계와 각국조계의 경계가 된다. 이어서 각국조계와 조선인 마을을 구분했던 경계는 내동 성공회 성당에서 신포동 금강제화를 지나 청실홍실 앞으로 이어지는 길이다. 두 길 사이의 공간을 포함하여 일본조계와 청국조계를 감싸는 14만 평의 땅이 개항장 제물포에 마지막으로 설치된 각국조계에 해당한다. 1884년 11월 미국, 영국, 일본, 청국과 조선 정부 사이에 『인천제물포각국조계장정』이 체결되었다. 1년 뒤 여기에 독일이 포함되는데 전관조계였던 일본, 청국조계와 달리 각국조계는 다섯 개 나라가 공동으로 관리하는 공동조계였다. 각국 공동조계의 운영은 자치의회에 해당하는 신동공사(紳董公司)에서 맡았다. 여기에는 인천항 감리와 다섯 나라의 영사, 세 명의 지주 등 아홉 명이 의원으로 참여했다.

해마다 거주민이 늘어나던 일본, 청국의 전관조계와 달리 각국 공

| 각국조계에 들어선 외국인 주택 분포도
황색으로 표시된 길이 일제강점기 본정통이라 불리던 중앙동 큰 길이다.

① 세창양행 사택   ⑤ 라포르트 주택
② 고노 별장   ⑥ 데쉴러 주택
③ 모젤 주택   ⑦ 모오스 주택
④ 헨켈 주택   ⑧ 우리탕 주택

동조계에 거주하는 서양인은 많지 않았다. 1891년 이곳에는 37명의 서양인이 살고 있었고, 가장 많은 서양인이 거주했다는 1903년에도 109명에 불과했을 뿐이다. 그들은 영사관이나 세관의 직원, 통역관, 의사, 상인 등 다양한 직업을 가지고 있었다. 오히려 각국조계지에 터를 잡았던 것은 대부분 비좁은 일본조계에서 넘어온 일본인이었다. 1903년 인천 거주 일본인의 65%가 이곳에 살고 있을 정도로 이름만 각국조계일 뿐 실제로는 일본조계나 다름없었다. 그래서인지 지금 이곳에 남아 있는 서양인들의 흔적은 거의 없다. 그나마 몇 안 되던 서양인 주택이나 상점도 전쟁의 포화에 사라지거나, 산업화 시대의 개발 논리에 밀려 철거되고 말았다.

각국조계는 중앙동 3가 초입의 중앙프라자 건물에서 시작된다. 중앙동 2가와 3가를 나누는 길이 일본조계와 각국조계의 경계가 되는 것이다. 청·일조계지 경계 계단처럼 이곳에도 자유공원 기슭으로 계단이 놓여 있다. 문화재가 아니어서 그런지 별다른 조형물 없이 그저 소박한 돌계단으로 남아 있다. 아무런 정보 없이 계단을 오르내린다면 누구도 이곳이 유서 깊은 계단임을 눈치채지 못할 것이다. 계단 좌우로 세창양행의 직원이었던 독일 사람 헨켈(H. Henkel)의 집과 세관장이었던 프랑스인 라포르트(E. Laport), 통역관이자 대부호로 유명했던 중국인 우리탕[吳禮堂]의 집이 마주 서 있었다. 각국조계지에 거주하던 서양인의 가옥은 대개 해안의 번화가보다 응봉산 자락에 있었는데 조망과 주거 환경을 선호했던 그들의 취향을 짐작할 수 있다. 응봉산 능선을 따라 세워진 서양 주택이 그대로 남아 있었더라면 이곳은 어떻게 달라져 있을까? 소박한 돌계단을 내려오며 실없는 생각을

| 우리탕 저택
1968년 화재로 소실되기 전 육군방첩대로 사용될 당시의 모습.

해 본다.

각국조계가 시작되는 곳에 '중앙프라자' 간판이 붙은 6층짜리 건물이 서 있다. 건물이 있는 곳은 근대기 인천에서 가장 크게 사업을 벌였던 독일 마이어(Meyer) 상사의 인천지점이 있던 자리다. 오스트리아 사람 헤세–바르텍이 제물포에 첫발을 디뎠을 때 "조선의 마이어라니! 마이어는 전 세계 어느 곳에서도 찾아볼 수 있단 말인가!"라며 감격해 마지않았던 그 마이어 상사다. 우리에게는 세창양행(世昌洋行)으로 더 많이 알려진 회사인데, 직원 사택으로 쓰던 응봉산 정상의 건물에서 광복 후 인천시립박물관이 문을 열었다. 세창양행은 윗골목에 있던 타운센드 상회, 인천중동우체국 맞은편 공영 주차장 자리에 있던 광창상회와 더불어 서양인이 인천에서 운영했던 몇 안 되는 회사 중 하나였다.

인천 최고의 번화가

　　일본인들이 본정통이라 이름 붙인 이 길은 개항 이후 일제 강점기를 거치는 동안 인천에서 가장 번화한 거리 중 하나였다. 1890년의 연말을 이곳에서 보낸 영국의 여행가 세비지-랜도어(A. H. Savage-Landor)의 눈에 비친 거리의 모습은 게이샤와 취객들 소음으로 가득한 일본 도회지의 연말 풍경과 다를 바 없었다.

> 신년 하례는 일본인들 간에는 가장 큰 축제이다. 새해가 거의 다가오면 제물포의 게이샤들은 아주 고된 존재가 된다. 아침부터 밤까지 그리고 깊은 밤에서 새벽까지 고되게 일했다. 게이샤들은 이집 저집으로 불려 다니면서 잼 세션(Jam Session)과 고킨[胡琴]에 맞춰 부르며 하객들을 접대했다. 그러는 동안 그들은 사케와 양주에 만취한다.
>
> - 세비지-랜도어, 『고요한 아침의 나라 조선』, 집문당, 1999

　　1933년 발간된 『인천부사』에 따르면 이 길은 '잘 정돈된 도로에 회사, 은행, 대형 상점이 늘어서 있던 일본조계지의 메인스트리트'였다. 길 초입에 마주 서 있던 대불호텔과 하나야[花屋]여관은 배에서 내린 뒤 서울로의 여정을 준비하던 여행자들에게 휴식을 제공하고 있었다. 1890년 인천에서 창간한 주간지 『조선신보』의 기자 아오야마 요시시게[靑山好惠]는 이 길이 결코 일본의 거리에 뒤지지 않는다고 했다.

> 본정통은 실로 인천의 긴자[銀座] 거리라 할 만하다. 청국조계지에서 각국조계지에 이르는 직선 길이 일본조계지를 가로지르고 있는데 그 폭은 넓고 평탄하며, 길의 양쪽으로 나무들이 무성하다. 건물은 상가가 많고 웅장한 가옥도 많아서 일본의 도회지 못지 않다. 부

| 일제강점기 본정통의 야경

산에 비해 늦게 개항하였지만, 시가지의 정리와 가옥의 아름다움
은 부산에 앞선다.

- 아오야마 코우헤이, 『인천사정』, 조선신보사, 1892

일본이 대한제국을 강제로 병합한 후에도 이 길은 여전히 인천의
중심가였다. 무역업, 해운업에 종사했던 일본인 사업가의 집과 다양
한 업종의 상점이 들어서 있어, 신포동 일대의 신정(新町), 궁정(宮町)
과 함께 당시 인천에서 가장 화려한 거리였다.

쓸쓸해진 거리, 떠나는 사람들

인천을 대표하는 근대 건축이라 할 수 있는 세 채의 은행
건물 중 지금까지 은행으로 사용되는 건물은 하나도 없다. 제1은행과
제18은행은 각각 개항박물관과 근대건축사전시관으로, 제58은행은
중구외식업지부로 이용되고 있다. 100년 넘는 시간이 흐르는 동안 이
건물들은 은행이라는 본래의 기능을 잃고 각기 다른 용도로 사용되어
왔다. 공간의 쇠락과 결을 같이하고 있는 것이다. 얼마 전 우연찮게 광
복 이후 이곳의 모습이 담긴 슬라이드 몇 컷을 감상할 기회가 있었다.
지금은 듣기 힘든 환등기의 '찰카닥' 소리와 함께 눈앞에 펼쳐지는 이
곳의 옛 모습에 시간가는 줄 모르고 빠져들었다. 그 중 나의 눈길을 끌
었던 것이 '영진 룸싸롱'이라는 간판을 달고 있던 제18은행의 1980
년대 사진이었다. 한때 공간의 중심이었던 건물이 본래의 용도를 잃

고 이러저러하게 사용되고 있던 모습에서 쓸쓸해져 버린 이 길의 역사를 보는 것 같았다.

　광복 이후로도 이 길은 한동안 번영을 누렸다. 시청을 비롯한 관공서가 밀집해 있었고, 적산이 되어 버린 일본인 상점은 나라를 되찾은 우리네 손으로 운영되었다. 거리의 쇠락은 전쟁이 끝나고 사회가 안정을 찾아 가던 1960년대부터 시작되었다. 1990년대 초까지 명맥을 유지하던 신포동 거리에 비해 이곳의 쇠락은 조금 더 빠르게 다가왔다. 일제강점기에 집중되었던 도심의 기능이 점차 외곽으로 옮겨지거나 분산되면서 우선 은행들이 이 길을 떠나갔다. 6·25전쟁 이전 일본 제1은행 인천지점 건물을 사용하던 한국은행이 해안동으로 옮겨가자 나머지 은행도 차례로 그 뒤를 따랐다. 광복 후 제58은행 건물에 들어선 조흥은행은 1958년에, 제18은행 건물의 한일은행은 1963년에 각

| 1980년대 룸싸롱으로 이용되던 제18은행 건물 인천시립박물관 소장 (박근원 촬영)
　1890년 10월에 신축된 건물로 1936년 조선식산은행으로 사용되다 1954년 한국 흥업은행 인천지점이 되었다. 지금은 인천근대건축사전시관으로 활용되고 있다.

각 싸리재와 인현동으로 이전하였고, 남겨진 건물은 민간단체에 매각되어 여러 용도로 사용되어 왔다.

시청이 남아 있던 1985년까지만 해도 전성기에 비할 바는 아니었지만, 이곳을 오가는 사람들의 발길은 꾸준했다고 한다. 2011년 이른 봄 '커피'를 주제로 기획전시를 준비하던 중, 중앙동 어느 다방에서 70년대 이야기를 들을 수 있었다. "아침 8시 반이면 곱게 단장한 아가씨들이 시청으로 배달을 나가는 거야. 이 길은 출근하는 사람과 배달 가는 아가씨로 붐볐더랬어. 커피 값은 장부에 달아두고 월말에 한꺼번에 계산하니까 우리도 월말이 월급날이었지." 주로 시청 공무원들을 상대했다는 삼화다방 사장님의 말이다. 김이 모락모락 올라오는 주전자 아래 연탄난로에 몸을 녹이며 마셨던 계란 동동 띄운 따뜻한 쌍화차의 맛을 잊을 수 없다. 이곳의 마지막 영화를 누렸던 삼화다방도 전시가 끝난 그해 여름 문을 닫았고, 40년 넘게 한자리에서 커피를 끓여온 사장님도 이곳을 떠났다.

감춰진 거리의 속살

최근 이곳에 건물 안팎의 포장을 걷어내고 처음 지어질 당시 모습대로 고쳐서 활용하는 근대 건축물이 늘고 있다. 건물 안쪽에 감춰져 있던 세월의 흔적을 드러내고 있는 것이다. 몇 해 전 중구청과 관동교회 사이, 일본식 3층 건물에 '팟알'이라는 이름의 카페가 문을 열었다. 건물을 지탱하고 있는 부재들을 가급적이면 그대로 두고 꼭

삼화다방 내부 (조오다 촬영)

| 카페 팟알 (조오다 촬영)

필요한 부분만 복원했다는 이 건물은 수선하는 데만 1년 가까이 걸렸다고 한다. 오랜 시간 건물 안팎을 감싸고 있던 포장이 벗겨지고 드러난 속살에는 세월의 향기가 짙게 배어 있다. 1892년 일본 야마구치[山口] 출신의 사업가 히로이케 데시로[廣池亭四郎]가 건립한 용역 회사 대화조(大和組) 건물로 1층은 업무 공간, 2층과 3층은 주거 공간으로 지어진 전형적인 일본식 마치야[町屋] 건물이다. 대화조는 부두에서 하역을 담당했던 노동자들을 배치하고 관리하던 용역회사로, 1908년 당시 하역 인부 100명과 화물 운송에 필요한 소형 선박 17척을 보유하고 있었다.

건물이 간직한 역사도 그러하지만, 무엇보다 이 집의 가치는 건물의 원형을 지켜가면서 수선했다는 점에 있다. 집을 사는 데 들어간 비용만큼 고치는 데 썼다 하니, 옛것을 다루는 주인장의 고집도 건물만큼이나 대단하다. 수선이 끝나고 나서도 이것저것 귀찮기만 한 문화재 지정절차를 직접 밟아가더니, 결국 2013년 8월 29일 등록문화재 제567호로 지정받았다. 끝내 자신이 생계형 자영업자라 우기는 주인장이 SNS에 남긴 말을 옮겨 보자.

손님 한 분이 일본 관광객이 많이 오냐는 질문을 한다. 장사 4년 차아직도 일본 손님은 무섭다. 36년 이상 지배하면서 한국인을 착취했던 집이 버젓이 문화재가 되어 있으니 얼마나 자랑스러울까? 문 닫고 싶다는 말이 목에 걸렸다. "남아 있어서 활용했습니다. 없어진 일제 잔재를 복원하는 거라면 절대 안 했습니다. 집이 한옥 대궐이면 뭐합니까? 안에서 사는 사람이 누구냐, 무슨 생각을 하느냐가 중요한 거요."

관동갤러리가 있는 나가야 건물 (조오다 촬영)

각국조계지였던 관동 2가 공영 주차장 맞은편에도 속살을 드러낸 일본식 가옥이 있다. 이 집 역시 1년 가까운 수선 과정을 거쳐 2015년 1월 '관동갤러리'라는 이름의 전시관으로 문을 열었다. 이 집은 큰길에 접한 마찌야와 달리 일본의 전형적인 도시형 가옥인 나가야[長屋]다. 하나의 지붕을 이고 있는 건물의 내부 공간을 몇 개로 나누어 사용하는 일본식 연립주택을 '나가야' 또는 '무네와리[棟割り] 나가야'라 부른다. 17세기 중엽 일본 교토의 하급 무사들이 거주하던 공간으로 지어지기 시작하여 에도[江戶]시대 대표적인 도시형 서민 주택으로 자리 잡았다. 개항 이후 많은 일본인들이 유입되었던 인천에도 이와 같은 도시형 서민 주택인 나가야가 곳곳에 남아 있다.

특이하게도 이 집의 주인장은 일본 여성이다. 20년 넘게 한국에서 살아 온 그녀는 2013년 5월 한 지붕 아래 여섯 개의 집이 나뉘어 있는 이 건물에 입주했고, 이듬해 1월 그 동쪽의 집을 인수하여 수선에 들어갔다. 수선 도중 천장 보에 붙은 1924년 1월 19일자 『경성일보』가 발견되어 적어도 그 이전에 건축된 건물로 확인되었다. 아쉬운 것은 처음 지어질 당시의 건축주와 용도를 명확히 알 수 있는 팟알 건물과 다르게 이 건물에 대한 자세한 정보를 찾을 수 없다는 것이다. 최근 들어 근대기 지어진 건물에 덧씌워진 포장을 벗겨내고 감춰진 속살을 드러내 보이려는 시도가 민간을 중심으로 이루어지고 있다. 반갑기 그지없다.

거리에 덧씌워진 과한 포장

　　반면 언젠가부터 개항장의 거리와 건물에 과한 포장을 덧
씌우는 작업이 공공과 민간을 가리지 않고 습관처럼 자행되고 있다.
중구청 앞 콘크리트와 벽돌 건물의 겉면을 목재와 일본 기와로 마감
하여 일본에서도 보기 힘든 외관을 만들더니, 얼마 전에는 행운과 재
물을 불러온다는 일본의 마네키 고양이[招き猫] 한 쌍을 중구청 앞에
버젓이 세워 놓았다. 여기가 일본조계지에서도 가장 중심이 되었던
곳이고, 일본인이 좋아하는 고양이 모형을 세워 관광객이 모여들기를
바라는 마음은 충분히 알겠다. 우리가 외국을 여행할 때 상가 앞에 서
있는 장승이나 돌하르방을 발견했다 치자. 우리나라에서나 볼 수 있
는 이들을 타국에서 볼 수 있다는 사실이 신기할 뿐, 그것을 세워준 현
지인에게 감동받거나 그로 인해서 그곳을 다시 방문해야겠다고 생각
하지는 않을 것이다. 이곳을 찾는 일본인들에게 마네키 고양이는 그

| 중구청 앞에 설치된 인력거 모형과 마네키 고양이 (조오다 촬영)

저 신기함의 대상일 뿐이다.

　마네키 고양이 맞은편의 인력거 모형도 눈에 거슬리기는 마찬가지다. 번쩍이는 구리로 만든 모형은 시선을 끌기에 충분하며, 인력거꾼 모형까지 있어 호기심 삼아 앉아보는 사람도 많은 듯하다. 이곳이 일본인 거리였던 시절 인력거를 끌었던 사람이 대부분 조선인이고, 인력거에 앉을 수 있던 사람 중 다수가 일본인이었다는 사실을 알고는 있을까? 그뿐 아니라 도무지 정체를 알 수 없는 조형물과 벽화가 개항장 이곳저곳을 장식하고 있다. 이러한 포장이 없어도 이곳은 충분히 이국적인 풍모를 갖추고 있다. 건물과 거리에 정체불명의 포장을 덧씌울 것이 아니라, 세월의 흔적을 감추고 있는 포장들을 걷어 내고 그 속살을 보여줘야 할 때가 아닐까.

| 한중문화관 앞 조선인 지게꾼 모형 (조오다 촬영)

나라 안의 나라, 조계(租界)

조계는 개항장의 특정 지역에 외국인 전용 거주 지역을 정하여 그 곳의 행정권을 그들 외국인에게 위임하는 제도를 말한다. 조계를 관할하는 국가의 수에 따라 일국 전관조계와 각국 공동조계로 구분되는데 인천의 경우 일본, 청국의 전관조계가 있었고, 일본, 청국을 포함해서 영국, 미국, 독일 등 5개국이 공동으로 관리하는 각국 공동조계가 있었다. 1883년 9월 일본과의 사이에 체결된 『인천구조계약서(仁川口租界約書)』를 시작으로 1884년 3월 청국과 『인천구화상지계장정(仁川口華商地界章程)』을, 같은해 11월 미국, 영국, 일본, 청국과 『인천제물포각국조계장정(仁川濟物浦各國租界章程)』을 체결하였다. 그리고 이듬해 10월 독일이 각국조계장정에 추가되었다. 우리나라 개항장 중 세 군데의 조계가 설정된 곳은 인천이 유일하다. 그만큼 인천이 지리적으로 중요한 위치에 있었다는 사실을 방증한다.

일본 전관조계는 지금의 중구청을 기준으로 양쪽으로 한 블록씩, 즉 송학동과 관동 1가, 중앙동과 해안동 1가 및 2가에 걸친 약 7천 평의 부지에 해당한다. 청국 전관조계는 차이나타운이 위치한 선린동 일대 약 5천 평의 부지에 있었고, 일본조계와 청국조계를 둘러싸고 있는 각국조계의 규모는 14만 평에 달했다. 일본과 청국의 전관조계는 각자의 영사관에서 관리했으며, 각국 공동조계의 운영은 자치의회에 해당하는 신동공사(紳董公司)에서 맡았다. 한일병합으로 국권을 상실한 이후에도 청국조계와 각국조계는 존치되지만, 1914년 4월 부제(府制) 실시와 함께 일괄 폐지되었다.

네번째 길

인천의 명동,
신포동 길

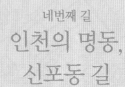

- 개항, 탁포(坼浦)를 갈라놓다

- 경계를 넘어선 그들, 밀려나는 조선인

- 길 위의 내동(內洞)

- 어물전, 푸성귀전에서 신포시장까지

- 화려한 날은 가고…

개항, 탁포(坼浦)를 갈라놓다

내동 성공회 성당에서 신포동 금강제화를 거쳐 우체국 앞에 이르는 길, 이 길은 외국인 거주지였던 개항장과 조선 마을의 경계가 된다. 1884년 11월 체결된 『인천제물포각국조계장정』에 따라 이제 조선 사람은 함부로 그 경계를 넘어 거주할 수 없게 되었다. 성공회 성당에서 가파르게 내려오던 길은 금강제화 앞에서 둘로 갈라진다. 하나는 선광빌딩을 지나 우체국까지 곧게 뻗은 길이요, 다른 하나는 여기서 오른쪽으로 방향을 살짝 틀어 중앙동 4가를 가로지르는 길이다. 중앙동 3가까지 격자형으로 구획되었던 개항장의 가로망이 어쩐 일로 이곳에 사선의 샛길을 두었던 것일까?

제물포에 각국의 조계가 설정될 당시, 지금 한중문화관에서 선광빌딩에 이르는 신포로 15번 길은 바다와 육지가 만나던 곳이었다. 그 동쪽 끝 중앙동 4가 한가운데로 타원형을 그리는 깊은 갯골이 있었다. 이 갯골은 신포동 금강제화에서 사선으로 뻗은 샛길 끝에 위치한다.

> 본정 4정목. 이 거리를 가로질러 바닷물이 들어왔었다고 하면 누구라도 이상하게 생각함은 당연하겠지만, 그것은 사실이었다. 바닷물이 아와야[阿波屋] 철물점(지금 스탠다드차타드 은행 건너편 편의점 자리)을 가로질러 본정통 거리를 관통하고 있었다. 아와야 철물점의 모퉁이에서 해안통을 지나 미키[三起] 상회(지금 한국근대문학관 맞은편) 방면으로는 목재상이 늘어서 있었고, 그 아래로 바닷물이

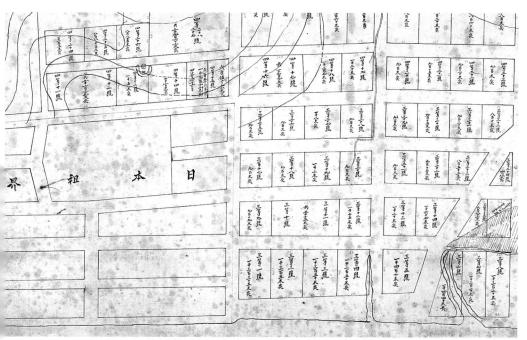

| 1889년 『제물포 각국조계지도』에 보이는 탁포 갯골의 모습 서울대학교 규장각 소장
지도 우측의 갯골이 탁포로 유입되던 갯골이다. 이 갯골은 우체국 맞은편 공영주차장에서 신포동으로 흘러들었다.

들어오면 묶여 있던 목재가 둥둥 뜨기 시작하여 아이들은 그 위를
뛰어 다니며 놀곤 하였다.

- 『인천부사』, 1932

유추하자면 개항장에 각 나라의 조계를 정하고 외국인 거주지를 조
성할 때, 지번을 부여할 수 없을 정도로 깊은 갯골이 위치한 이곳에 샛
길을 내었을 것이다. 그래서인지 이 일대의 옛 이름은 탁포다. '터지
다' 혹은 '갈라지다'의 의미를 갖는 '탁(坼)'에 갯벌을 의미하는 '포
(浦)'를 붙여 터진 갯벌이라는 뜻이니 지형에 걸맞은 이름이 아닌가 싶
다. 어쨌거나 개항은 탁포를 외국인 거주지와 조선인 마을로 갈라놓
았고, 이제 탁포는 길 건너 조선인 마을만을 가리키는 이름이 되었다.

| 탁포 조선인부두
　개항 초기 탁포 갯골 초입에 있던 조선인 어선부두의 모습.

경계를 넘어선 그들, 밀려나는 조선인

개항 이후 각국조계에 면한 탁포 일대로 조선 사람들이 모여들었다. 이들은 대개 부두에서 하역을 하거나 외국인의 편의를 봐주던 고용인으로, 개항장과 가까운 이곳에 터전을 마련하고자 한 것이다. 그러나 조차지를 확대하려는 청국과 일본의 욕심은 탁포의 조선인을 다시 내쫓았다.

1886년 5월 청의 총리교섭통상대신 위안스카이[袁世凱]는 '인천의 청국조계가 비좁아 더 이상 집 지을 만한 곳이 없으니 삼리채(三里寨) 지역에 새로운 조계지를 설정해 줄 것'을 조선 정부에 요청하였다. 이듬해 조선 정부는 청국과 『삼리채확충화계장정(三里寨擴充華界章程)』을 체결하고 삼리채 지역에 청국조계를 확충하기로 결정하였다. 삼리채 청국조계지는 신포동에서 경동에 이르는 대략 3,850평으로 개항장 내의 그것보다 조금 작은 규모였다. 청국 정부가 삼리채 일대에 가로망을 구획하자 중국인들은 이곳의 토지를 매입하기 시작했다. 그러나 청일전쟁에 패하면서 삼리채를 자국의 조차지로 삼으려 했던 청국 정부의 계획은 수포로 돌아가고 말았다.

지금 신포동 기업은행 맞은편에서 신포시장으로 내려오는 골목길은 청국 정부가 삼리채에 구획했던 가로망 중 하나다. 길의 동쪽, 신포시장이 위치한 곳은 당시 정동(井洞)이라 불리던 곳으로 용동(龍洞), 사촌(沙村)과 함께 삼리채 청국조계지를 이루고 있었다. 이곳의 땅은 인천 해관 출신의 부호 우리탕[吳禮堂]을 비롯하여 9명의 중국인이 소유하고 있었다. 청일전쟁이 시작되자 토지를 소유했던 중국인이 하나둘 귀국하였고, 비어버린 땅으로 조선인 민가가 들어서 1897년 정동에 거주하는 조선인은 대략 500명에 이르렀다. 자신의 토지를 되찾으려는 중국인 지주들과 분쟁이 계속되면서 이들은 정부로부터 이주비를 지급받는 조건으로 이곳을 떠날 수밖에 없었다. 그리고 조선인이 떠난 자리는 다시 중국인들로 채워졌다.

삼리채 청국조계지와 각국조계지 사이, 지금 신포우리만두에서 청실홍실 앞으로 걸쳐 있는 공간은 개항 이후 조선 마을이 형성되었던

| 개항 초기 탁포 주변의 공간
  황색으로 표시된 길이 신포동 길이다.

곳이다. 이 일대를 두루뭉술하게 부르던 '탁포'라는 이름은 이제 조선인이 거주하는 이 공간만을 한정해서 부르는 지명으로 사용되었다. 중국인이 삼리채 지역으로 영역을 확대하였다면, 일본인은 이곳 탁포를 잠식하기 시작했다. 청일전쟁의 특수를 노린 일본 상인들이 인천으로 대거 유입되면서 1893년 2,100명에 불과하던 일본인은 전쟁이 끝날 무렵 4,500명까지 늘어났다. 개항장 내의 땅만으로 이들을 수용하기란 벅찰 수밖에 없었고, 조계 너머 조선 마을로 진출하려는 일본인이 하나둘 늘어나게 되었다. 일본은 정부차원에서 조선인 마을의 토지 매입을 독려하였다. 각국조계와 경계를 이루고 있는 조선 마을의 토지와 가옥을 하나둘 매입하여 이곳의 조선인을 퇴거시키고, 언젠가는 일본조계로 편입시킬 셈이었다.

일본인이 경계를 넘어오기 시작하면서 탁포의 조선인들은 철길 너머 화수동과 송림동, 금곡동 일대로 밀려났다. 일본인들은 이곳을 자신들의 '새 동네'라는 의미에서 '신정(新町)'이라 불렀다. 이름을 잃어버린 탁포에 광복 후 신포동이라는 새로운 지명이 붙게 되면서 인천 사람들에게 '탁포'는 잊힌 이름이 되었다.

길 위의 내동(內洞)

　　성공회 성당에서 우체국에 이르는 길이 각국조계와 조선
마을의 경계였다면, 금강제화에서 경동사거리까지의 길은 신포동과
내동을 나누고 있다. 길 아래 신포동이 중국인과 일본인의 공간으로
변해 갔지만, 길 위의 내동은 광복을 맞을 때까지 오롯이 조선인의 공
간이었다. 성공회나 감리교의 예배당이 이곳에 자리한 것도 조선인을
대상으로 포교 활동을 벌이기 위해서였으리라. 중국인 묘지를 뜻하는
의장지(義莊地)를 비롯해 중간 중간에 외국인의 토지나 집들도 있었
으나, 이곳의 건물은 대개 기와나 짚을 얹고 있는 조선인 가옥이었다.

　내동이 조선인의 공간이었다는 것은 지명에서도 알 수 있다. 을사
늑약 이후 통감 정치가 시작되면서 1907년 5월 인천이사청은 개항장
과 그 주변의 지명을 일본식 행정 단위인 정(町)으로 개편하였다. 내
동은 외동과 함께 경정(京町)이라 불리게 되지만, 얼마 지나지 않아 다
시 내동이 되었다. 조선인이 많이 거주하던 공간은 행정 편의상 조선
식 이름을 그대로 사용하게 하였기 때문이다. 한일병합 이후 조선총
독부의 행정구역 개편이 단행되었던 1914년, 내동은 내리(內里)가 된
다. 일찍이 일본인과 중국인이 진출했던 정동과 탁포는 벌써부터 신
정(新町)이라는 일본식 지명으로 사용되고 있었지만, 길 위의 내동은
1937년 인천부의 제1차 부역 확장 때 서경정(西京町)이라는 일본 이
름을 얻을 때까지 변함없이 내리로 불리고 있었다.

　내동의 서쪽 끝, 응봉산 각국공원에 인접한 구릉지에 개항장의 통
상사무와 외국인 출입국 업무 등을 담당했던 인천항 감리서가 있었

| 1980년대 내동 길 인천시립박물관 소장 (박근원 촬영)
개항기 길의 좌측은 각국조계, 우측이 조선 땅이었다.

다. 개항 이듬해부터 인천부사가 인천항 감리를 겸하였기 때문에 감리서는 인천부의 실질적인 행정관청이었다. 인천항 감리서는 개항장 안팎의 경찰업무도 맡아 보았다. 원래 개항장에서 발생하는 형사 사건은 화도진에서 관할했는데, 갑오개혁으로 화도진이 철폐되자 감리서 내에 경무서를 두고 업무를 이관시켰다. 이해조의 신소설 『모란병』에 야간 순찰을 도는 감리서 순검의 모습이 등장한다.

"에구 어머니!" 소리를 와락 지르고는 누가 듣지나 아니했을까 겁이 나서 숨도 못 쉬고 그 자리에 주저앉아 사면 동정을 살펴보더라. 그때 인천 항구에 도적이 대치하여 실물(失物)한 보고가 날마다 감리영에 들어오는 고로 감리가 경찰 관리에게 신칙하여 날마다

야순을 각별히 돌게 하는데, 마침 행순 순검이 용골로 돌아 정거장 근처를 향하여 가려고 손에 도적등을 가지고 나뭇가지에서 새만 바싹 하여도 유심히 살펴보며 당장 그 곁에 도적놈이 숨어 있는 것 같이 자취소리가 없도록 발을 떼어 놓으며 가다가 눈이 둥그레지며 딱 멈춰 서더니 혼잣말이라.

- 이해조, 『모란병』, 박문서관, 1911

인천항에 도적이 들끓어 인천 감리가 순검에게 특별히 야간 순찰을 돌게 했는데, 마침 순찰 중이던 감리서 송 순검이 화개동 색주가를 탈출하여 인근 풀숲에 숨어 있던 주인공 금선을 발견하는 대목이다. 이처럼 감리서에는 경무관과 총순, 순검 등의 관리가 있어 개항장 주변의 치안유지를 담당하였고, 구내에 재판소와 감옥을 두어 재판 등의 사법 업무도 맡아보았다. 영국의 지리학자이자 여행가 이사벨라 비숍(Isabella B. Bishop)의 눈에 비친 감리서의 형벌 모습을 옮겨 보자.

그 언덕 위에 서 있는 관청 역시 한국 정부의 것인데, 관청의 포졸들에 의한 야수적인 채찍질이라는 형벌 방법은 범인을 때려 숨지게도 하며, 그 괴로운 울부짖음은 인접한 영국 선교소의 방을 마구 파고든다.

- 이사벨라 버드 비숍, 『한국과 그 이웃나라들』, 살림, 1994

그녀가 말한 야수적인 채찍질은 아마도 태형(笞刑)이나 장형(杖刑)이었을 것이고, 죄수들의 울부짖음이 파고들었던 영국 선교소란 감리

서 뒤편에 있던 성공회 성당을 말하는 것이다. 조선 땅을 처음 밟은 영
국 여성의 눈에 비친 감리서의 형벌 모습은 조선 땅 어디에서나 볼 수
있던 일반적인 관아의 풍경이었다.

감리서 아래로는 1895년 개설된 인천우체사와 전보사가 있었다.
일본인의 우편 업무를 담당했던 일본영사관 내 인천우편국과 달리 조
선인들의 우편과 전신 업무를 담당했던 기관이었다. 우체사 옆으로
1899년 대한제국에서 설립한 최초의 민족은행, 대한천일은행의 인
천지점이 들어서 개항장 내 일본 은행과 경쟁하기도 했다. 그밖에도
내동에는 감리서 인근의 관립일어학교와 내리교회에서 세운 영화학

개항초기 인천감리서와 조선인 마을 모습 |
가운데 우뚝 솟은 문루가 감리서 정문이다. 그 안쪽으로 감리서 관아가 있었다.

당 등 조선인을 위한 교육기관도 있었다.

개항기의 내동은 조선인들이 모여 사는 조선 마을이었다. 뿐만 아니라 개항장 주변의 조선 사람과 관련된 각종 기관이 들어서 있었다. 인천의 서쪽 해안가에 설치된 개항장이 외국인과 그들을 위한 편의시설로 채워졌다면, 그 바깥쪽 내동은 개항장 언저리로 밀려난 조선 사람과 그들을 위한 시설이 자리한 진정한 인천 사람의 중심지였다.

어물전, 푸성귀전에서 신포시장까지

신포동에 대한 추억은 제법 있어도 신포시장에 대한 기억은 많지 않다. 젊은 시절 시장 갈 일이 별로 없었던 탓이다. 신포시장에 대한 나의 첫 기억은 그 유명한 닭강정이 아니고, 우리만두도 아닌 공갈빵이다. 크기는 하나 안이 비어 '공갈빵'이라는데, 빵이라기보다는 바삭거리는 과자에 가깝다. 위트 넘치는 이름과 고소하면서 달달한 맛이 인상깊었던 것일까. 나에게 신포시장은 공갈빵을 연상시킨다. 지금은 '신포국제시장'이라는 다소 거창한 이름을 달고 관광 명소가 되었지만, 이곳에 시장이 문을 연 것은 1929년이었다.

한일병합 이후 조선총독부는 비위생적이고 무질서한 조선의 시장 문화를 변화시키고 이를 통해 세수를 확대하려는 목적에서 1914년 9월 조선총독부령 제136호로 시장규칙을 공포한다. 그에 따라 인천부는 1929년 12월 해산물을 취급하는 제1공설시장의 문을 연 데 이어 3년 뒤에는 채소와 청과물을 판매하는 제2공설시장의 건물을 짓고

| 채소를 팔았던 제2공설시장
지금 신포시장 자리에 있던 인천부 제2공설시장.

영업을 시작했다. 광복 이후 그 주체가 명확하지 않은 상태에서 상인 개개인이 영업하는 형태로 무분별하게 운영되다가, 6·25전쟁을 전후하여 '신포시장'이라는 이름을 달았다.

이곳에는 일제강점기 이전부터 시장의 형태는 아니지만, 같은 품목을 판매하는 상점이 모여 영업을 하고 있었다. 개항장의 일본인들이 탁포 일대를 잠식해 갈 무렵, 서울에서 내려온 정흥택이라는 장사꾼이 지금 기업은행 맞은편 부근에서 생선 장사를 시작했다. 각국조계와 맞닿아 있던 이곳은 개항장 내 일본인과 내동, 싸리재의 조선인이 모두 오가는 길목이어서 장사가 꽤 잘되었던 듯하다. 탁포 끝자락의 해안가, 지금 선광빌딩 건너편 스포츠 용품점이 들어선 자리에 어선

신포국제시장 (조오다 촬영)

부두가 있어 이곳에서 조선인 어부가 잡아온 생선을 공급받을 수 있었다. 정흥택은 그렇게 공급받은 생선을 일본인에게는 소매로, 조선인 노점상이나 행상에게는 도매로 팔았다고 한다. 근해의 어물 판매권을 정흥택이 독점하자 인근으로 일본인이 경영하는 생선 가게가 들어섰고, 이 일대는 제법 큰 규모의 생선 시장이 형성되었다. 그리고 조선 사람들은 이곳을 생선전이라 불렀다. 언론인이었던 고일 선생은 일제 강점기 생선전 풍경을 이렇게 회고하고 있다.

> 생선전에는 새벽부터 '오카미상'이나 '옥상'이라는 가정 부인이 '가고(손 광주리)'를 들고 나와 생선을 골라 사게 되면 머리와 꼬리를 잘 드는 식칼을 번쩍거리면서 자르고, 뼈를 바르고, 비늘을 빼고, 껍질, 살토막, 알, 이리, 배레를 각각 각을 뜨고 여며서 따로따로 골라 나누어 놓으면, 그 중에 좋아하는 부분만 저울에 달아 대패밥 포장지에 싸서 돈과 바꿔 준다.
>
> - 고일, 『인천석금』, 주간인천사, 1955

탁포가 신정으로 불리기 시작할 무렵 생선전 동쪽, 지금 신포시장 자리로 중국인이 운영하는 채소상이 모여들었다. 개항기 인천으로 유입된 중국인은 대개 상인과 부두 노동에 종사했던 쿨리[苦力], 농민들로 구분된다. 그 중 농업에 종사했던 이들을 화농(華農)이라 부르는데, 한때 500명에 달했던 화농들은 도화동, 학익동 등지에 모여 살며 농사를 지었다고 한다. 생선전 옆으로 모여든 중국인 채소상들은 이들이 재배한 야채를 공급받아 판매하였다. 조선 사람은 이곳을 푸성귀전이라 불렸지만, 손님은 대부분 일본인 주부들이었다니 여기서 판매된 채소는 주로 일본인 가정의 밥상에 올랐다고 봐야 할 것이다. 생선전의 서쪽으로 닭전도 있었다. 닭전에서는 꿩, 토끼, 산돼지 등 산짐승이 거래되기도 하였으나 주로 판매했던 것은 닭과 달걀이었다고 한다.

바닥에 물기가 그득했던 생선전 자리에는 2층짜리 번듯한 상가 건물이 들어섰고, 푸성귀전의 중국인 채소가게는 신포국제시장이 되었다. 지저분했던 푸성귀전 안쪽 길은 지붕이 덮여 길 아닌 복도로 변했다. 100년 넘는 시간은 공간을 변화시켰지만, 예나 지금이나 변함없는 건 장바구니를 들고 시장을 오가는 사람들 모습이다.

화려한 날은 가고…

고일 선생은 옛 인천의 대표적인 저잣거리로 닭전 부근에서 내동과 싸리재 마루턱까지를 꼽았으니 바로 신포동 길이다. 번화한 데다 길도 비교적 넓어 '인천의 종로'라 했다. 근대기 중앙동 본정통과 신생동 궁정통이 일본인의 거리였다면, 경정통(京町通)이라 불리던 이 길은 조선인이 운영하는 상점들이 늘어선 조선인의 거리였다. 일제강점기 서울의 명동이 일본인의 번화가였고 종로가 조선인의 거리였음에 비추어 볼 때, 이 거리를 '인천의 종로'라 했던 고일 선생의 표현은 적절해 보인다. 하지만 이곳을 '인천의 명동'이라고 소개한 친구의 부연 설명이 없었다 해도 신포동 길에 대한 나의 첫 인상은 종로보다는 명동에 가까웠다. 서울 명동에 견주어도 손색이 없을 정도로 화려한 네온사인과 거리를 오가는 사람들, 아마도 전성기의 끝자락에 다다른 신포동 모습이 아니었을까 싶다.

이 길의 전성기가 언제였냐고 지역 선배들께 여쭈어 보면 각각 다른 대답이 돌아온다. 그리고 보면 신포동 길을 오갔던 수많은 인천 사람의 기억에 남아 있는 이 길의 전성기는 곧 자기 인생에서 가장 빛났던 시기가 아니었을까? 재미있는 것은 추억의 장소도 모두 제각각이라는 점이다. 어느 선배는 사모님과 처음 만났던 기업은행 맞은편 짐다방과 신포시장 초입의 커피하우스를 꼽았고, 그보다 연배가 조금 아래인 여자 선배는 신포만두와 그 뒷골목 칼국수집을 들었다. 두주불사 선배는 신포시장 골목의 백항아리집, 미미집과 신포주점, 스지탕으로 유명한 다복집과 대전집을, 술이 약한 선배들은 튀김 고명을 듬뿍 얹어주던 시장 안쪽의 신신옥을 기억한다. 이외에도 금강제화 아래쪽, 한때 인천의 문화 사랑방이었던 은성다방과 훗날 갈비집으로

| 1970년대 화선장 인천시립박물관 소장 (박근원 촬영)
 화선장 우측으로 보이는 건물이 지금 신한은행이다.

| 1970년대말 신포동길 인천시립박물관 소장 (박근원 촬영)

바뀐 일식집 화선장, 길 건너 모둠전이 맛있는 마냥집과 염염집도 그들의 청춘과 함께한 장소였다. 몇몇 가게는 문을 닫은 지 벌써 한참이 되었지만, 아직까지 영업을 계속하고 있는 집도 여럿이다.

사람들에게 기억되는 신포동 길의 전성기와 추억의 장소는 저마다 다르다. 그러나 한결같은 기억은 신포동의 쇠락 시기다. 1980년대 후반 인천시청을 비롯한 관공서가 하나둘 중구를 떠나가면서 신포동의 쇠락이 시작되었다고 말한다. 그리고 그 시절의 화려함을 되찾기는 힘들 것이라 예상한다. 허나 이곳이 예전보다 더 번화해진다 해도, 그들에게 신포동 길의 전성기는 여전히 자신이 가장 빛났던 순간에 만났던 그 모습으로 기억될 것이다. 나에게 신포동 길의 전성기는 친구 손에 이끌려 이곳을 처음 찾았던 1980년대 후반으로 기억된다. 나의 전성기가 그때였기 때문은 아닐까.

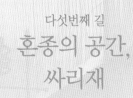

다섯번째 길
혼종의 공간,
싸리재

신신예식장 옆 한옥이 기와를 버리고 펜션에 쓰는 지붕을 올렸다.

사람의 헤어스타일이 중요한 것처럼 집도 그런가보다.

어째 한옥같지가 않다.

그래도 싸리재 뒷골목 한옥 지붕은 여전히 안녕하시다.

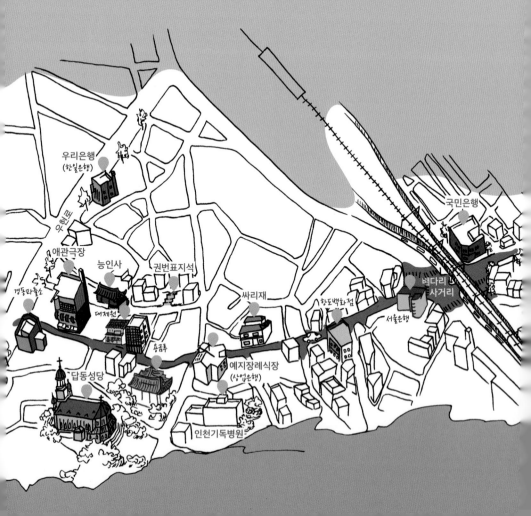

경동사거리에서 배다리로 이어지는 완만한 고갯길을 '싸리재'라 부른다. 제물포 부두에 내린 사람들이 서울 가는 길에서 만나는 첫 번째 고개다. 전하는 바로는 고개 주변으로 싸리나무가 많아서 싸리재라 불렸다는데 정말 싸리나무가 많았는지, 또 언제부터 그렇게 불렸는지 알 수 없다. 다만 싸리재의 한자 이름인 축현(杻峴)이 개항 이후부터 등장하는 것으로 미루어, 그전에는 인적 드문 고갯길에 불과했던 것으로 보인다. 싸리재를 오가는 사람들이 늘어난 것은 이 고개가 개항장에서 서울 가는 길로 이용되면서부터다. 개항장에 거주하던 중국인과 일본인들이 조계 외곽의 조선인 마을을 잠식해 가자 그곳의 조선인들은 싸리재 너머로 밀려났다. 밀려난 조선인들은 가족의 생계를 책임지기 위해 아침저녁으로 이 고개를 넘어야 했다. 그렇게 싸리재는 개항장 안팎으로 형성되었던 번화가와 고개 너머 가난한 조선인 마을을 이어주는 통로이자 경계가 되었다.

축현과 싸리재, 그리고 삼리채(三里寨)

내 또래 사람들이 모두 그렇겠지만, '싸리재'라는 이름보다 '축현'을 먼저 알았다. 동인천 대한서림 뒷골목에 있던 축현학교 때문

| 경동파출소가 보이는 경동사거리 (조오다 촬영)
오른쪽 노란색 3층 건물이 한일병합 이전부터 싸리재와 신포동의 치안을 담당해 왔던 경동파출소다.
간판을 내리고 굳게 닫혀있는 파출소 문에서 거리의 쓸쓸함이 느껴진다.

이다. 학교 뒷담 맞은편의 대폿집 '인하삼치'를 들락거리며 축현이란 이름에 익숙해졌지만, 그것이 싸리재를 뜻하는 한자이름이라는 것과 학교가 있던 그곳이 정작 싸리재가 아니라는 사실을 알게 된 것은 그보다 한참 뒤였다. 축현은 경인철도가 개통될 당시 싸리재 아래 기차역에도 붙었다. 축현역 대신 동인천역이라 부른 지 벌써 60년이 지났고, 그나마 최근까지 '축현'이라는 이름을 달고 있던 학교도 그곳을 떠났다. 이제 이곳이 싸리재나 축현임을 알려주는 것은 최근 '싸리재'라는 간판을 걸고 문을 연 카페가 유일하다.

축현과 싸리재 외에도 이곳을 부르는 이름에 삼리채가 있다. 앞에서 언급했듯이 삼리채란 청국 정부가 인천에 두고자 했던 또 하나의

조계 지역이다. 경동사거리 건너 지금은 없어진 경동파출소 주변이
삼리채 조계에 포함되었던 곳인데, 당시에는 이곳까지 용동이라 했던
것으로 보인다. 그렇게 보자면 삼리채는 축현과 싸리재처럼 고갯길을
가리키는 것이 아니라 경동사거리 주변의 공간을 지칭하는 이름이다.

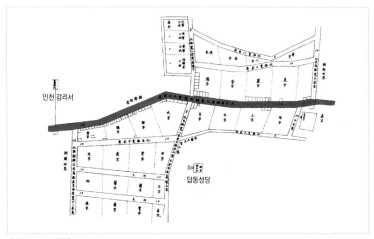

| 삼리채 청국확충조계 도면
가운데 붉은색 길이 신포동에서 싸리재로 이어지던 경인가로다.

축현이라는 한자 지명이 있었음에도 중국인들은 이곳을 삼리채라
불렀다. 당시 조선 정부는 중국인과 관련된 사항을 기록할 때는 삼리
채, 조선인에 대한 내용에서는 축현이라 기록하고 있어 삼리채가 싸
리재에 대한 중국인들의 지명이었음은 분명하다. 삼리채(三里寨)를 한
자 그대로 풀면 '3리의 성채, 또는 마을'이라는 뜻인데, 여기에 두고자
했던 조계의 둘레를 3리로 하겠다는 의미에서 그런 이름을 붙였던 것

된 1898년『축현 외동 호적』에 따르면, 이곳에는 217가구 1,075명의 조선인이 거주하고 있었다. 이들은 대부분 미곡상, 객주 등 상업에 종사하고 있었고, 1년 사이에 다른 지방에서 이주해 온 가구가 1/4에 달했다. 상점을 뜻하는 전방(廛房)도 7개가 있어 주변으로 상가가 형성되고 있었음을 알 수 있다.

일제강점기 외리(外里)라 불리던 이곳은 중일전쟁이 시작되는 1937년 일본식 지명인 경정으로 바뀌었다. 조선인을 전쟁에 동원하기 위해 '일본과 조선은 하나'라는 내선일체화 정책을 시작하면서 조선의 지명을 하나둘 일본식으로 바꾸어 갔던 것이다. 경정이라는 일본식 이름이 붙었지만, 이곳은 여전히 조선 상점이 늘어서 있고 조선 사람이 오가던 조선인의 공간이었다. 아쉬운 것은 광복 후 일본식 행정 지명을 바로잡을 때, 길 건너 서경정은 내동이라는 우리 이름을 되찾았지만, 이곳은 그러지 못했다는 점이다. 사람들은 더 이상 싸리재를 거쳐 서울로 가지 않지만, 여전히 이곳은 서울 '경(京)'자가 붙어 있는 경동으로 불리고 있다.

싸리재의 랜드마크, 애관(愛館)

몇 해 전이었다. 산드라 블록이 나오는 영화 〈그래비티〉를 보고 싶다는 중학생 아들 녀석의 성화에 싸리재 초입의 애관극장을 찾았다. 평소 같으면 집에서 가까운 멀티플렉스 영화관을 이용했겠지만, 그날따라 무슨 바람이 불었는지 애관을 가고 싶었다. 막상 극장 앞에 서니 내심 녀석의 심통이 걱정스러웠다. 깨끗한 멀티플렉스에 길들여진 녀석에게 구닥다리 극장의 낡은 시설은 아무래도 불편할 수밖에 없을 터이니 말이다. 기우였다. 지금은 보기 힘든 매표소 창구에서부터 신기한 눈빛이더니 극장에 들어선 녀석의 입에서 "와아~ 극장이 2층이에요"라는 감탄사가 나왔다. 하긴 경사 심한 1층 구조의 요즘 영화관에 익숙한 아들에게 2층으로 구분된 객석의 구조는 문화적 충격이었을 것이다.

애관은 나에게도 문화적 충격으로 기억된다. 보다 정확히 말하자면 서울내기였던 나를 놀라게 한 것은 인천의 극장 문화였다. 인천에서 처음 찾은 영화관이 애관이었고, 이곳에서 찰리 쉰 주연의 영화 〈플래툰〉을 보았다. 매표소에서 표를 사는데 서울과는 달리 아예 좌석 표기가 없었다. 영화가 상영되는 중이었는데도 사람들은 그대로 극장 안으로 들어갔고, 영화가 끝날 무렵 자리를 차지하려는 몸싸움이 시작되었다. 서울의 경우 흥행 영화가 걸리면 새벽부터 표를 사려는 사람들로 극장 앞은 장사진을 이루었고, 그날의 표가 다 팔리면 매표소에는 빨간 글씨의 '매진' 표시가 내걸렸다. 표를 사기 힘들어서 그렇지, 영화관 안에서는 지정된 좌석에서 편안하게 영화를 관람할 수 있었다. 이에 비해 인천의 극장은 흥행 여부와 상관없이 누구나 표를 살 수 있지만, 영화가 끝나갈 무렵부터 좋은 좌석을 확보하기 위한 신경전과 함께 몸싸움을 벌여야 했다. 그러한 몸싸움을 처음 경험하게 해 주었던 극장이 애관이다.

우리 부자에게 문화적 충격을 안겨 주었던 극장 '애관'은 1890년대 부산 출신의 객주 정치국이 벽돌로 지은 공연장 '협률사'에서 비롯

애관극장 내부 (조오다 촬영)

된다 하니 그 역사가 120년이 넘는다. 개관 무렵 남사당패, 성주풀이 등 전통 악극이 공연되다가, 1910년경 이름을 축항사로 바꾼 뒤에는 신파 연극이 무대에 주로 올랐다 한다. 악극과 연극을 공연하던 이곳에서 영화, 즉 활동사진이 상영되었던 것은 1921년 이름을 애관으로 바꾸면서부터다. 그 후 지금에 이르기까지 한결같이 애관이라는 이름을 이어가며 한자리에서 영화를 틀어왔다.

애관은 조선인 거리 싸리재의 랜드마크였다. 일찍이 부산에서 무역 중개업에 뛰어들어 일본의 문물에 밝았던 정치국이 인천으로 옮겨 활동했던 무대가 내동과 싸리재 부근이었다. 일본의 공연 문화를 익히 알고 있던 그가 자신의 근거지였던 이곳 싸리재에 공연장 협률사를 개관했던 것은 사업적인 목적이 다분했다. 일본인 거리에 있던 가부끼좌와 표관이 일본 전통극과 일본 영화를 무대에 올렸다면, 애관은 조선인을 위한 공간이었다. 이곳에서는 조선의 전통 악극과 연극이 주로 공연되었으며, 이곳을 찾는 사람도 대부분 조선 사람들이었다.

1990년대부터 불어닥친 멀티플렉스 영화관의 열풍으로 오래된 단관 극장이 하나둘 문을 닫았다. 우리나라에서 가장 오래되었다는 서울의 단성사도, 부산의 부산극장도 이를 피해가진 못했다. 극장가를 초토화시켰던 그 열풍 속에서도 애관은 꿋꿋하게 그 자리를 지키고 있다. 30년 전 치열한 몸싸움을 뚫고 앉았던 그 자리에서 다시 영화를 볼 수 있다는 사실이 인천 사람으로서 감사하기만 하다.

요릿집과 용동권번

　　1920년대에 접어들면서 싸리재는 점점 번화가로 변해 갔다. 거리는 잡화상, 극장, 약방, 요릿집 등 다양한 간판을 걸고 있는 상점으로 채워졌다. 특히 이 시기가 되면 고갯길 주변으로 요릿집이 모여 드는데 송학동과 신흥동에 일본식 고급 요정이 자리 잡았다면, 싸리재로는 조선인을 상대했던 고급 요릿집이 들어섰다. 1943년 한복남 선생이 불렀던 '빈대떡 신사'라는 노래가 있다. "양복 입은 신사가 요릿집 문 앞에서 매를 맞는다"로 시작되는 이 노래는 말끔하게 차려 입은 신사가 요릿집에서 술과 요리를 시켜 먹은 뒤 뒷문으로 도망가다 붙잡혀 망신을 당한다는 내용이다. 이처럼 당시의 요릿집이란 고급 술집을 가리키는 대명사였고, 여기에는 으레 기생이 함께한다. 기

| **용금루** 김성한 소장
지금 경동 공영주차장 자리에 있던 조선 요릿집으로 광복 후에도 한동안 영업을 계속했다고 한다.

생을 찾는 손님이 있으면 요릿집에서는 기생을 불러 술시중을 들게 하였고, 수고비를 시간당 얼마로 계산하여 10%의 수수료를 제한 뒤 기생조합인 권번에 지불하는 구조였다.

1920년대 싸리재에서 유명한 요릿집은 용금루, 일월관, 문향정, 삼성관 등 네 곳이었다. 이들 요릿집은 인근 용동의 권번에서 기생을 불러왔는데 1928년 8월 2일 용동의 기생 34명이 앞의 네 군데 요릿집과는 거래하지 않겠다고 동맹을 맺은 일이 있었다. 사연인즉 요릿집에서는 기생들에게 시간당 수고비를 선금으로 지불해 왔지만, 외상 손님과 무전 취식자가 늘어나면서 술값은 물론 기생 수고비까지 떼먹히는 경우가 빈번해져, 기생 수고비는 손님과 기생 사이에 직접 주고받을 것을 요릿집 주인들이 결의했기 때문이었다. 이 소동은 원래의 방식대로 기생 수고비를 주고 받는 것으로 합의하면서 마무리되었다고 한다.

혼종(混種)의 공간, 싸리재

싸리재는 혼종의 공간이었다. 개항장의 일본 문화와 철길 밖 조선 문화가 섞여 있었고, 상점과 시장으로 변화했던 신포동 일대와 조선인 주거지를 연결하는 길목이었다. 성스런 종교 시설과 오락 시설, 술집과 요릿집이 뒤섞여 있는 장소이기도 했다. 1926년 창간된 대중잡지 『별건곤(別乾坤)』은 싸리재의 풍경을 다음과 같이 소개하고 있다.

| 답동성당

　초창기 고딕양식의 답동성당. 1934년 지금의 건물로 개축하였다.

천주당 뾰족집과 길 하나를 사이하고서 불교 포교당이 이마를 마주하고 있는데 그 사이에 요릿집 삼성관과 활동사진 애관, 무도관 (武道館) 도장과 요릿집 일월관하고 한자리에 모여 있어서 천주당 수녀들이 "이 세상은 하잘 것 업는 더러운 세상이니 죽어서 천당에 나 가겠다"고 기도를 올리고 성가를 높이 부르면, 그 턱 앞에서 "인생 한 번 늙어지면 다시 젊지는 못하리니 맘대로 쓰고 놀자"고 악을 쓰고 있고, "세속을 떠나서 연화대를 가겠다"고 처자까지 떼치고 염불을 외이면, 나무 담 하나 떨어진 집에서 미국 연애 영화가 좋다고 나팔을 힘껏 불고 북을 깨어지라고 두들기니 세상이란 멋대로 지내는 것이란 것을 한 장에 그려 놓은 표본이 인천의 이 외리(外里)인 덕이다.

- 「본지사 기자 5대 도시 암야(暗夜) 대 탐사기」, 『별건곤』 15호, 1928

　　여기서 천주당 뾰족집은 1933년까지 고딕 양식의 첨탑이 있던 답동성당을 말하고, 불교 포교당이란 애관 뒤편 언덕의 능인사를 말한다. 무도관은 인천에 유도를 처음 소개했던 유창호 사범이 설립한 유도 체육관으로 기독병원 근처에 있었고, 삼성관은 싸리재에 있던 네 곳의 조선 요릿집 중 하나다. 기자는 싸리재를 종교 시설의 성스런 소리, 체육관의 기합 소리, 요릿집과 극장의 퇴폐적인 소리 등 세상의 온갖 소리가 모여 있는 오묘한 모습으로 묘사하고 있다. 다양한 공간에서 흘러나오는 소리를 빗대어 거리의 번화함과 혼종성(混種性)을 말하고 있는 것이다.

　　이곳의 혼종성을 대변하는 건물이 있다. 고개 마루턱에서 배다리

| 카페 '싸리재' 건물의 후면 모습 (조오다 촬영)
축대 위에 지어진 한옥 지붕 위로 일본식 건물을 올려 놓았다.

방향으로 '싸리재'라는 간판을 달고 있는 2층 카페 건물이다. 안으로 들어가 보면 카페 뒤편의 마당을 'ㄷ'자 한옥이 둘러싸고 있는 구조인데, 마당 건너편 한옥의 기와 위로 일본식 건물이 올라가 있어 한옥과 일본식 건물이 뒤섞여 있는 느낌이다. 건축물 대장으로 볼 때, 이 건물이 처음 지어진 것은 1910년이다. 처음 지어질 당시에 이 건물은 사면에 한옥을 이어 짓고 가운데로 마당을 둔, 하늘에서 보면 'ㅁ'자 형태를 하고 있는 이른바 도심형 개량 한옥이었다. 1990년대 초 인기를 끌었던 드라마 '사랑이 뭐길래'에 등장했던 '대발이네 집'이 이런 구조다. 싸리재 언덕의 경사면에 축대를 쌓고 집을 지어서 뒤편 안채는 축대 위에 올라가 있다.

싸리재 길가에서 보는 이 건물은 그저 평범한 2층 상가지만, 축대 아래 골목에서 바라보면 한옥 기와 위에 일본식 주택이 올라가 있는 이상한 모양새를 하고 있다. 정면의 2층 상가를 카페로 리모델링 할 때, 2층 천정에서 건물의 내력을 알 수 있는 상량문이 발견되었다. 이에 따르면 길가의 한옥을 헐고 지금의 건물을 지은 해는 1930년으로 싸리재가 한창 번화했던 시기와 일치한다. 처음에는 주거용 한옥을 지었다가 싸리재가 점차 번화가로 변해가자 길가의 건물을 상가로 다시 지은 것인데, 뒤편 한옥의 기와 위로 일본식 건물이 올라간 것도 이 때일 것으로 추정된다. 이외에도 싸리재 주변으로는 전쟁과 개발을 견뎌 낸 개량 한옥과 일본식 상가 건물이 곳곳에 남아 있다. 이러한 흔적들이 일본인 거리와 조선인 마을, 도심 번화가와 주거지를 연결했던 싸리재의 혼종성을 보여주고 있는 것은 아닐까.

은행가, 그리고 결혼의 거리

광복을 맞이하면서 싸리재 주변의 경정은 경동으로 이름을 바꾸지만, 철길 밖 사람들은 계속해서 싸리재를 통해 시내를 오갔다. 전쟁과 산업화 시대를 거치며 도심 안팎의 통행량 많던 길목은 유사한 상점들이 모여 있는 거리로 변해 가는데 싸리재 고갯길도 마찬가지였다.

우선 일제강점기 도심 안쪽에 있던 은행이 하나둘 이곳으로 이전해 왔다. 광복 후 은행의 주 고객이 개항장의 일본인에서 철길 바깥에 모여 살던 사람들로 바뀌었기 때문이다. 은행의 입장에서 볼 때, 철길 밖 주거지와 신포동 안쪽의 시내를 연결하는 싸리재의 입지는 고객을 늘릴 수 있는 최적의 조건을 갖추고 있었다. 1956년 해안동 인천우체국 옆에 있던 상업은행 인천지점이 싸리재 고갯마루로 이전해 왔다. 이를 시작으로 조흥은행이 요릿집 용금루가 있던 자리로, 중앙동에 있던 한일은행이 싸리재 아래 인현동으로 옮겨왔다. 신설 은행도 도심 안쪽보다는 싸리재 주변에 인천지점을 개설하였다. 1960년 서울은행이 배다리 철교 맞은편에 지점을 개설하였으며, 1962년에는 국민은행이 철교 건너 중앙시장 입구에 지점을 두었다. 1965년을 기준으로 시내 10개의 시중 은행 중 5개가 싸리재 일대에 위치하여 이곳은 인천의 새로운 금융가로 떠올랐다.

인천 시내의 은행들이 싸리재 주변으로 몰려들 무렵, 고갯길 양쪽은 양복점과 양장점으로 채워졌다. 이른바 라사(羅紗)라 불리는 맞춤양복점과 여성복을 판매했던 양장점은 결혼 문화의 변화와 결을 같이 한다. 의식이랄 것도 없이 마당에서 간단한 혼례를 올리던 것이 광복이 되고 서양의 문화가 일반 서민에까지 보급되면서 예식장이나 음식점에서 결혼식을 치르게 된 것이다. 내동과 싸리재 주변으로 중앙예식장, 인천예식장, 신신예식장 등 제법 큰 규모의 예식장이 들어서면서 싸리재 고갯길로 예복을 맞춰 판매하는 양복점, 양장점이 속속 문을 열었다.

최근까지 이곳의 가로등에는 '경동 웨딩의 거리'라는 안내판이 걸려 있었다. 철길 밖 중앙시장에서 경동사거리까지 라사와 양장점을 비롯하여 결혼과 관련된 용품을 판매하던 상점들이 모여 있었기 때문이다. 중앙시장 포목점에서 예단과 이부자리를, 배다리 형제사와 싸리재 마루턱의 백은사에서 예물을 준비한 신혼부부는 라사와 양장점에서 예복을 맞추고, 신신예식장과 길 건너 중앙예식장에서 결혼식을 올렸다. 결혼사진은 경동사거리의 허바허바사장이나 럭키사진관에 맡겼으며, 피로연은 애관극장 아래 평화각이나 청관의 공화춘에서 열었다. 한마디로 싸리재 고갯길을 따라 논스톱으로 결혼 준비를 끝낼 수 있었던 것이다. 1970년대 기성복 시장이 열리면서 양복점과 양장점 등 맞춤복 시장이 사양길로 접어들었다. 맞춤복 상점이 하나둘 빠져나간 자리는 다시 가구점으로 채워졌다. 가구 역시 중요한 혼수품이었기에 웨딩의 거리였던 이 고갯길과 어울리는 상점이었다.

6·25전쟁 중이던 1952년 싸리재 고갯마루에 입원 시설을 갖춘 기독병원이 문을 열었다. 전쟁통에 다치고 병든 사람들을 수용하기엔 신흥동의 도립병원만으로 버거운 시절이었다. 기독병원의 의사와 간호사들은 도립병원에 비해 친절했고, 의료 수준도 높았기에 환자들로

| 1970년대 싸리재마루턱에 있던 골덴라사 인천시립박물관 소장 (박근원 촬영)
1970년대까지만 해도 싸리재로는 맞춤 양복을 판매하던 라사와 양장점이 어깨를 맞대고 있었다.

| 셔터가 내려진 이이비인후과 (조오다 촬영)
이영호 박사가 운영하던 이이비인후과. 지금은 셔터가 내려진 빈 건물만 남아 있다.

문전성시를 이루었다고 한다. 시간이 흐르면서 기독병원이 들어선 고개 마루턱으로 개인 병원이 속속 개업하기 시작했고, 약국도 모여들었다. 오늘날로 치면 의료 타운이 형성되었던 것이다. 진료과목만 보아도 안과, 치과, 내과, 이비인후과에 한의원까지 다양하게 모여 있어 그 시절 집안에 병든 아이가 있으면 무조건 싸리재로 향했다고 한다.

기독병원이 들어서기 전부터 이곳에 자리잡았던 한의원이 있으니 김상규 선생이 1918년 개업한 대제원(大濟院)이다. 김상규 선생은 창영동에 의성사숙을 열고 후학을 양성했던 김병훈 선생의 장남으로 제중원 출신의 한의사였다. 대제원은 그의 아들 김태진 선생이 가업을 이어 운영해 오다 2004년 작고하면서 문을 닫았다. 한곳에서 2대에 걸쳐 86년 동안 의술을 펼쳤던 대제원은 싸리재 의료 타운의 역사와 맥을 같이 한다. 지금은 간판의 흔적만 남아있는 대제원 곁으로 한때 정치에 몸담았던 이영호 박사의 이이비인후과 건물과 사거리 지나 산부인과 경동의원이 셔터가 내려진 채 남아 있다.

한편, 전쟁이 끝나고 사회가 안정을 되찾아 갈 때인 1954년 12월, 고무신 장사로 돈을 번 장범진이 3층 건물을 짓고 '항도백화점'이라는 이름을 내걸었다. 일제 치하에서도 볼 수 없었던 인천 최초의 백화점이 문을 연 것이다. 1층은 잡화와 양품, 2층은 의류를 판매했고, 3층에는 식당가를 꾸며 흡사 지금의 백화점이나 쇼핑센터와 비슷한 구조였다. 대형 백화점을 운영하기에 자본이 부족했던 것인지 항도백화점은 이듬해 문을 닫고 만다. 경동사거리 파출소 건너편으로 2층 건물의 '뉴욕백화점'도 있었으나 역시 항도백화점과 같은 운명에 처해지고 말았다.

| 배다리 철교 앞에 있던 서울은행 화도진도서관 소장 (『1960년대 인천풍경』)
1960년 문을 연 서울은행. 1962년에는 철교 건너편으로 국민은행이, 1968년 채미전 초입 지금의 산후조리원
자리에 외환은행 인천지점이 문을 열었다.

언제부터인가 사람과 차가 뒤섞여 다니던 활기찬 싸리재의 모습이
쓸쓸해지기 시작했다. 인천시청을 비롯한 관공서가 하나둘 중구를 떠
나가고, 더불어 철길 건너 동구의 인구도 격감하면서 시내와 주거지
를 이어주던 싸리재 고갯길은 통로의 기능을 상실해 갔다. 한때 아홉
개에 달하던 은행도 이제 두세 개 남짓으로 줄어들었고, 양복점과 양
장점을 대신해 들어선 가구점도 대부분 문을 닫았다. 셔터가 내려진
채 남아 있는 의사 없는 병원 건물만이 한때 이곳이 의료 타운이었음
을 짐작케 해 준다. 그나마 사람들은 꾸준히 개봉 영화를 틀어주는
'애관'과 여전히 그 자리를 지키고 있는 기독병원, 그리고 고개 마루
턱 몇 군데 양복점에서 그 시절의 싸리재를 추억한다.

개항기 조선인 마을의 지명 변화

　　개항 이전의 기록에서 개항장 일대의 행정 지명은 인천도호부 다소면 선창리(船倉里)로 표기된다. 제물포(濟物浦), 북송곶(北松串), 묘도(猫島) 등 지형과 관련된 지명 외에 마을과 고개 이름 등은 찾아볼 수 없다. 아무래도 거주민이 많지 않았기 때문일 것이다. 개항 이후 조계지 인근으로 조선인 집단 주거지가 형성되고, 인구가 증가하면서 지명도 분화하기 시작한다. 1880년대 후반, 기록에 나타나기 시작한 탁포(坼浦), 탁계현(濁溪峴), 용동(龍洞), 축현(杻峴) 등의 지명은 청일전쟁 이후에 다시 세분되어 탁포에서 정동(井洞)과 사촌(沙村)이, 용동에서 외동(外洞)과 율목동(栗木洞)이 분리되었고, 탁계현 주변을 답동(畓洞), 화개동(花開洞), 기정동(己井洞)이라 불렀다. 1897년 조선신보의 기자였던 야쿠시지 지로[藥師寺知朧]가 간행한 『신찬 인천사정』에 개항장 주변 13개 조선인 마을의 이름이 등장한다.

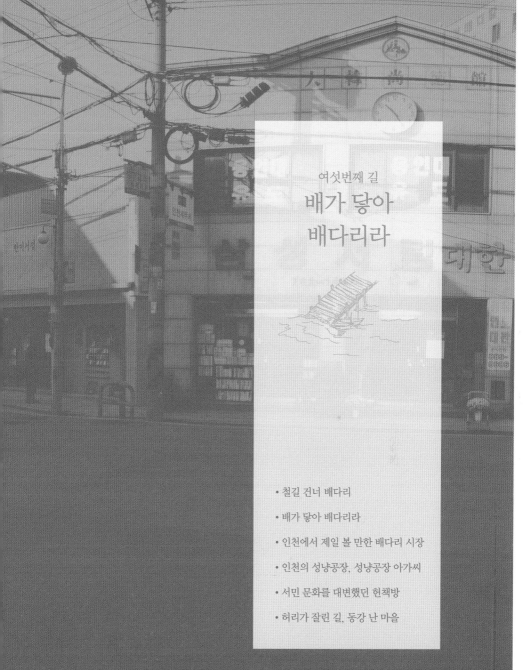

여섯번째 길
배가 닿아
배다리라

송림초등학교

중앙시장

두손빌딩
(성냥공장)

배다리
삼거리

국민은행

송림로

배다리철교

조흥상회

한미서림

배다리
사거리

아벨서점

삼성서점

스페이스빔
(인천양조장)

생태공원

참외전로

전시가 끝난 뒤로 자주 찾아뵙지 못해
그런지 배다리 분들께 항상 미안하다.
직원 회식을 토시살로 한다 했던
대인상회 할머니와의 약속도 아직 못 지켰다.
술 좋아하시던 삼성서림 사장님은
서점을 그만 두셨다던데…
건강은 어떠신지 궁금하다.

유동
삼거리

대학 새내기 시절, 같은 과 친구가 주선한 미팅에서 썩 괜
찮은 사람을 소개받은 적이 있다. 첫인사를 나누고 어색한 분위기를
피하기 위해 이것저것 물어보던 중, 어디 사느냐는 물음에 '배다리 근
처'라는 간단명료한 답이 돌아왔다. 잘 알지 못하겠다는 내 표정을 읽
었는지 그제야 문화극장이며 헌책방 거리며 알 만한 곳들을 곁들여가
며 꽤 자세히 설명해 주었다. 덕분에 어색했던 분위기가 풀어지기는
했지만, 사실 그이가 사는 곳이 궁금했던 것은 아니었기에 집이 있다
던 배다리에 대해서는 별 관심을 두지 않았다. 그래서인지 집으로 돌
아가는 길에 그이는 배다리 위치를 직접 확인시켜 주는 친절까지 베
풀어 주었다. '배다리에 배가 어디 있냐'며 농담을 던지기는 했지만,
그제야 "왜 하필 배다리일까?" 하는 궁금증이 들었다. 당시 이 궁금증
에 대해 여기저기 물어보아도 '~하더라' 식 구전만 들을 뿐, 명쾌한
답변을 듣지 못했다.

철길 건너 배다리

　　싸리재 끝자락에 서면 철교를 앞에 두고 사거리를 만난다.
애초 서울 가는 길은 여기서 철교를 지나 쇠뿔고개를 넘는 외길이었

다. 여느 고개가 그렇듯 좁다랗고 험한 고갯길은 그럭저럭 걸어서 넘을 만했지만, 차량의 통행에는 여러 가지로 어려움이 있었다. 차량이 보급될 무렵인 1915년, 인천부에서는 기존의 쇠뿔고개를 넘는 길 대신 철길을 따라가는 신작로를 내었다. 동인천역에서 시작하여 싸리재를 가로지르는 새 길은 축구전용경기장을 지나 제물포역 앞에서 기존의 경인가로와 만나게 된다. 이 길은 철길 건너에 모여 살았던 조선 사람을 위한 것이 아니라 개항장의 일본인을 위한 길이었다. 당시 차량을 통해 서울을 오갈 수 있던 이들은 대부분 일본인이었을 것이고, 길이 지나는 유동과 도원동 역시 조선 사람보다는 일본인이 많이 거주하던 공간이었기 때문이다. 그러기에 신작로가 생겼어도 철길 너머 조선 사람들은 여전히 옛길을 이용하고 있었다.

신작로 건너 철교를 지나면 배다리다. 그래서인지 사람들은 이를 배다리 철교라 부른다. 응봉산 자락을 북으로 휘감아 돈 경인철도는 배다리 철교를 지나 쇠뿔고개를 따라 간다. 철길을 경계로 남북으로 분리된 공간은 일제강점기 일본인 거주지와 조선인 마을로, 광복 후에는 부촌과 서민 동네로 인식되었다. 그런 탓에 배다리 철교는 한동안 율목동, 경동 등 부촌과 송림동, 금곡동, 창영동의 서민촌을 구분 짓는 경계가 되었다.

몇 해 전 개최한 특별전 〈안녕하세요? 배다리〉를 준비하면서 인천 시민을 대상으로 배다리의 범위에 대해 구술조사를 진행한 적이 있다. 행정 지명이 아닌 탓에 배다리의 범위에 대한 인식은 사람마다 제각각이었다. 쇠뿔고개 마루턱에서 동인천역까지라 하는 이가 있는가 하면, 어떤 이는 철교 아래만을 배다리라 부른단다. 혹은 철교 자체를 배다

| 1990년대 배다리 철교 앞 사거리 인천시립박물관 소장 (박근원 촬영)

리라고 생각하는 사람도 많았다. 아마도 '다리'라는 이름에서 철교를 떠올린 것이리라.

배다리는 길이 아니라 길을 오가는 사람들이 모이고 흩어지는 장소다. 지형으로 보자면 송림동 수도국산과 쇠뿔고개, 싸리재의 얕은 구릉에서 내려오는 산줄기가 모여드는 분지 형태를 하고 있다. 싸리재를 넘어온 사람들이 쇠뿔고개를 오르기 전 잠시 숨을 고르며 쉬어가는 곳이기도 하다.

배가 닿아 배다리라

사전적 정의로 배다리는 하천이나 갯골을 건너기 위해 배를 이어 붙여 만든 임시 가교를 뜻한다. 주교(舟橋) 또는 물에 뜬 다리라는 의미에서 부교(浮橋)라 부르기도 한다. 역사 기록에서 고려 정종이 임진강에 부교를 설치했던 일이 있고, 조선시대 연산군이 청계산에 수렵을 가기 위해 민선 800척을 동원하여 한강에 배다리를 놓은 적도 있었다. 특히 조선의 제22대 왕 정조가 화성의 현륭원에 행차할 때 한강에 설치한 주교는 그림으로 남아 사람들에게 상세한 모습을 알려주고 있다.

인천의 배다리 역시 배를 이용한 다리가 있던 곳일 터다. 그러나 어디에 있었는지, 이곳을 언제부터 배다리라 불렀는지 정확히 알 수는 없다. 조선시대 만들어진 여러 지리지와 1911년 간행된 『조선지지자료』에도 그 명칭은 보이지 않는다. 배다리의 유래는 그저 입에서 입으로 전해질 뿐인데, 대개 두 가지 이야기로 모아진다. 신태범 선생은 『인천한세기』에서 "경동 큰길에서 철로문을 빠져 나오면 중앙시장 앞 금곡동 초입이 된다. 19세기 말까지 이곳에 큰 갯골이 통해 있어 만조 때면 현재 인천교 아래처럼 바닷물이 들어왔다고 한다. 경인철도가 부설 된 후, 철로 주변을 개발할 때까지 배가 닿는 다리가 있어 배다리라는 이름이 생겼다."고 했다. 배가 닿던 다리가 있어 배다리라 불렀다는 설명인데 여기서 배가 닿던 다리란 부두와 배를 연결하는 잔교(棧橋)를 말한다.

이에 비해 "그 옛날 배가 다녔는지는 몰라도 당시에는 선박 출입한 흔적도 없고, 다만 쪼개진 목선 조각으로 다리를 놓아서 배다리라는 이름이 붙었다"는 것이 『인천석금』에서 밝힌 고일 선생의 견해다. '배가 닿는 다리'와 '배 또는 배의 조각으로 만든 다리' 중 어느 쪽이 맞는 것인지 알 수 없지만, 두 이야기의 공통점은 이곳에 다리를 놓을 만한 갯골이 있었다는 것이다. 지금 이 동네의 모습에서 배다리를 놓았을 법한 갯골을 찾기란 불가능하다. 옛 지도의 도움을 받는 것이 좋을 터인데, 19세기 이전의 고지도는 정밀도가 떨어지기 마련이고, 광복 이후의 지도는 이미 지형이 많이 변해 있어 갯골의 흔적을 발견하기란 어렵다. 이에 일제강점기 지도를 뒤져보았다.

짐작대로 1918년 조선총독부 육지측량부에서 제작한 『1/10,000 인천부 지도』에 배다리 갯골의 흔적이 표시되어 있다. 송현동 수문통에서 시작되어 남진하던 파란색 실선은 동인천역 위에서 동쪽으로 꺾여 배다리 철교까지 이어진다. 이 갯골은 1936년 송현동 일용품시장이 문을 열면서 점차 메워지기 시작했던 듯하다. 1980년대 말 수문통

| 1918년 『1/10,000 인천부 지도』에 보이는 배다리 물길 인천시립박물관 소장
수문통에서 시작된 파란색 물길 표시가 철길을 따라 배다리까지 이어져 있다.

일대가 마지막으로 복개되면서 완전히 사라지게 되었다. 지도를 보면 배다리는 갯골 끝자락에 위치하고 있다. 주안 갯골에서 수문통을 거쳐 배다리까지 물길이 이어져 있었다면 큰 배는 아니더라도 조각배의 왕래는 가능했을 것이다. 그러고 보면 배가 닿던 다리가 있어 배다리건, 배 조각을 이어 붙여 만든 다리가 있어 배다리 건 간에 배가 닿았던 곳임은 분명한 것 같다.

인천에서 제일 볼 만한 배다리 시장

개항장에서 서울 가는 길목에 위치한 배다리는 언제나 사람들이 모이고 흩어지는 장소였다. 사람이 모이다 보니 자연스레 시장이 형성되었고, '인천에서 제일 볼 만한 시장'으로 유명세를 타기도 했다. 일제강점기였던 1915년 『매일신보』에 실린 배다리 시장의 모습을 옮겨본다.

특별히 뜻없는 세월이 유수같아 적지만 않은 삼백여일이 꿈결같이
꼬박꼬박 쉬일 새 없이 넘어 대회일(大晦日)의 인천 연말시황이요.
일전보다 얼마를 더 흥청흥청한가 하고 인천의 제일 볼 만한 배다
리시장(牛角里市場)에 가서 시찰을 하여본 즉, 어쩌면 그같이 사람
이 옹기종기 몰려들었는지 한 번 들어갔다가 나오기도 매우 곤란
할 뿐 아니라 평시에는 나무바리나 내왕하던 우각동 마루터기에서
부터 삼마장거리나 되는 배다리까지 각 촌의 어른아이는 물론이고

| 1948년 배다리시장 (Norb-Faye 촬영)
  배다리 철교 위에서 찍은 사진으로, 우측 상단에 보이는 벽돌건물이 송림초등학교 건물이다.

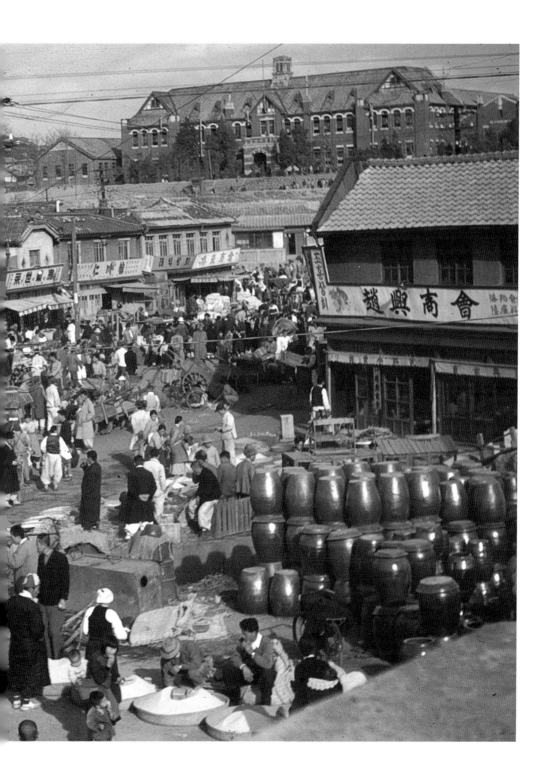

1946년 인천시에서 배다리 일대의 암시장, 일명 '야미시장'을 없애고자 자유시장(지금의 중앙시장)을 개설하지만, 거리에 좌판을 놓고 하루를 살아가던 가난한 상인들을 쫓아낼 수는 없었다. 1955년 송림학교 삼거리에서 송림로터리 방향으로 신작로가 뚫리면서 상인들은 결국 배다리를 떠나야 했고, 사람으로 늘 북적대던 배다리 시장은 그렇게 중앙시장으로 흡수되었다.

조선 사람들에게 시장은 물건을 사고파는 장소 이상의 의미가 있었다. 사람을 만나거나 바깥소식을 듣기 위해, 혹은 한 끼 식사를 해결하기 위해 사람들은 시장으로 모여들었다. 시장에서는 혼담이 오가는가 하면 청첩과 부고가 돌았으며, 재주 구경, 싸움 구경 등 볼거리가 끊이지 않았다. 인천에서 제일 볼 만했던 배다리 시장의 모습 역시 다를 바 없었을 것이다.

인천의 성냥공장, 성냥공장 아가씨

대학에 막 입학했을 때 강의실보다 먼저 경험했던 곳이 후문가 술집이었다. 학과, 동문회, 서클 등에서 개최하는 신입생 환영회는 절대 빠져서는 안 될 통과의례였다. 모임마다 사람도, 술집도, 마시는 술과 안주도 달랐지만, 한결같았던 것은 음주와 노래가 같이 섞였다는 것이다.

술자리가 끝날 무렵 남자들만 남게 되면 얼콰하게 술이 오른 선배들이 불러댔던 노래 중에 '성냥공장 아가씨'라는 노래가 있다. "인천

| 조선표 성냥 인천시립박물관 소장
배다리에 있던 조선인촌주식회사에서 생산된 '조선표' 성냥. 이외에 이 회사가 생산했
던 성냥으로 '쌍원표(雙猿標)' 성냥이 유명했다.

의 성냥공장, 성냥공장 아가씨. 하루에 한 갑, 두 갑, 1년이면 열두 갑.
치마 밑에 감추고서 공장을 나설 때, 치마 밑에 불이 붙어…" 하루에
한 갑, 두 갑인데 1년이면 왜 열두 갑밖에 안 되는지 아리송하고, 노래
에 등장할 만큼 유명한 성냥공장이 인천에 있었는지 궁금했지만, 적
나라하고 재미있는 노랫말 덕분에 궁금한 것을 물을 새 없이 웃기만
했던 기억이 있다.

배다리 철교 건너 문화극장은 깨끗하거나 시설이 좋은 극장은 아
니었지만, 싼값에 영화를 볼 수 있었던 극장으로 기억한다. 철길 안쪽
에 있던 애관이나 인형극장은 나름 좋은 영화가 걸렸던 탓일까? 공짜
표나 할인 초대권을 구하기 어려웠다. 그에 비해 문화극장이나 송림
로터리 주변 현대극장은 학교 앞 커피숍에서 천 원짜리 초대권을 손

쉽게 얻을 수 있었다. 담배 한 갑 가격으로 보고 싶은 영화를 맘껏 볼 수 있던 극장이었다. 그 시절 나에게 영화 보는 재미를 안겨준 문화극장은 언제인지도 모르게 '피카디리'로 이름이 바뀌더니 그마저도 없어지고, 이제 그 자리에 '불가마사우나' 간판이 걸린 8층짜리 높다란 건물이 들어섰다.

내가 즐겨 다녔던 문화극장이 노래 속에 등장하는 성냥공장 자리라는 사실을 알게 된 것은 극장이 없어지고 사우나 건물이 들어선 뒤였다. 노래 가사의 성냥공장은 1917년 10월 일본인 자본가 카쿠 에이타로[加來榮太郎]가 배다리에 설립한 조선인촌주식회사를 가리킨다. 성냥을 뜻하는 인촌(燐寸)을 회사 이름에 붙였는데, 연간 판매되는 성냥이 7만 상자에 달하는 조선 최대의 성냥공장이었다. 신의주의 제2공장에서 성냥개비와 포장재 등을 만들어 인천 공장으로 보내면 이곳에서 완제품으로 생산하였다고 한다. 공장 직공이 450명, 가정에서 부업으로 성냥갑을 접었던 이들이 2,500명에 달했다는데, 대부분 배다리 인근의 가난한 조선 사람이었을 것이다.

일본 자본이 이곳에 성냥공장을 설립한 것은 조선의 값싼 노동력을 이용하려는 목적도 있었겠지만, 무엇보다 화약을 재료로 하는 위험 시설을 일본인 거주지로부터 멀리 두고자 했던 이유가 컸다. 상대적으로 위험이 적은 정미 공장이나 양조 공장이 일본인 거주 지역인 신흥동과 도원동, 송월동 등지에 들어섰다면, 조선인 마을이 형성되어 있던 배다리로는 화재의 위험이 도사리고 있는 성냥공장을 두었던 것이다. 지금도 자기가 사는 주변으로 위험 시설이 들어선다면 주민들의 거센 항의가 빗발치는데 그 시절이라고 달랐으랴. 일본인들은 힘없는 조선인 마을로 위험 시설과 이른바 혐오 시설을 배치했던 것이다. 배다리 지나 동구청 자리에는 개항장의 일본인에게 소고기를 공급했던 도축장이 있었고, 그 위 동명초등학교는 일본 동경제국대학의 전염병연구소가 있던 자리다.

서민 문화를 대변했던 헌책방

내 또래 사람들에게 배다리하면 떠오르는 단어는 시장도 아니요, 성냥공장도 아닌 '헌책방'이다. 마우스 클릭 한 번으로 원하는 책을 싼값에 구입할 수 있는 세상에 살고 있지만, 불과 십 수 년 전만

| 1970년대 **인천양조장** 인천시립박물관 소장 (박근원 촬영)
1926년 최병두 선생이 인천의 군소 막걸리공장을 합병하여 설립한 인천양조주식회사는 1996년 수질이 나빠지면서 막걸리 생산이 중단되었다. 그 후 2007년 대안미술공간 스페이스빔이 입주하여 활발한 활동을 펼치고 있다.

| 배다리 헌책방 거리 (조오다 촬영)

해도 학기 초나 시험 때가 되면 동네 서점과 시내 대형 서점은 참고서와 문제집을 사려는 학생들로 장사진을 이루었다. 주머니 사정이 넉넉지 않은 학생들은 헌책방을 애용했고, 개중에는 부모님께 받은 책값으로 헌책을 사고 나머지는 다른 용도로 사용하는 친구도 있었다. 서울에서 나고 자란 나에게 배다리 헌책방의 기억은 많지 않다. 이곳을 들락거리기 시작한 것은 대학원에 다닐 때로, 운 좋으면 시중에서 절판된 단행본이나 구하기 힘든 학술 잡지를 손에 넣을 수 있었다.

지금 배다리 헌책방 거리는 대여섯 집만이 그 명맥을 유지하고 있다. 거리라 부르기에는 다소 민망할 정도지만, 한때 전국 3대 헌책방 거리에 속할 정도로 유명세를 타던 곳이다. 이곳의 역사는 광복 후 배다리 야미시장에 좌판을 깔고 책을 팔던 노점에서부터 시작된다. 일본인들이 서둘러 인천을 떠나가자 비어 있던 그들의 집에서 나온 일본 서적들이 배다리 시장의 노점으로 흘러들었던 것이다.

이곳은 영화학교, 창영학교, 송림학교 등 학교가 모여 있어 책에 대한 수요가 많을 수밖에 없었다. 새 책의 보급이 원활하지 않았던 시절인 데다, 헐값에 필요한 책을 구할 수 있어 헌책을 파는 노점상은 늘어만 갔다. 전쟁이 끝나고 배다리 시장이 중앙시장으로 흡수되자, 좌판을 깔고 책을 팔던 노점상들은 배다리 골목에 점포를 얻어 헌책방을 열었다. 그렇게 형성된 헌책방 거리는 창영학교 밑으로부터 배다리 삼거리에 이르렀으며, 전성기에는 40여 곳의 헌책방이 문을 열고 있었다. 가장 큰 대목인 방학 말미나 학기 초가 되면 책을 사러 온 사람들과 그들에게 각종 먹거리를 팔기 위해 모여든 노점상으로 거리는 북새통을 이루었다고 한다. 서민들이 즐겨 찾던 헌책방이 배다리로 모여든 것은 어찌 보면 당연한 일이었다. 배다리는 근대기 개항장에서 밀려난 조선인들의 터전이었고, 광복 후 인천의 대표적인 서민 마을이었기 때문이다.

헌책방 외에도 배다리 곳곳으로 서민 문화를 대변하던 장소가 있었다. 여름 무더위를 잠시나마 식혀주었던 아이스케키 공장 '창영당'이 배다리 입구에 자리 잡았고, 창영초등학교 앞 철길 건널목 아래로는 이른바 '꿀꿀이죽' 골목이 있었다. 쇠뿔고개 초입 인천양조장은 서민들이 즐겨 마셨던 막걸리를 빚던 곳이다. 여름날 오전이면 창영당 앞으로 아이스케키 통을 둘러맨 소년들이 자신이 팔아야 할 할당량을 받기 위해 줄지어 서 있었고, 창영동 건널목으로는 꿀꿀이죽 양동이를 손에 든 아낙들이 쉴 새 없이 오갔다. 인근 미군 부대에서 먹다 남은 잔반을 다시 끓여 팔았다고 하니 오죽했으면 이름이 '꿀꿀이죽'이었을까. 한 끼 식사도 해결하기 버거웠던 시절, 우리네 서민들의 일상적인 생활 모습이었다.

허리가 잘린 길, 동강 난 마을

배다리에서 쇠뿔고개 오르막을 따라 걷다보면 마을 한가운데로 넓게 펼쳐진 풀밭이 나타난다. 풀숲 사이로 주민들이 아기자기하게 꾸며놓은 텃밭도 눈에 띈다. 이곳의 내력을 모르고 지나친다면 그저 도심 속 한가로운 풍경으로 비쳐지겠지만, 공간이 주는 평온함 속에 주민들의 아픔이 담겨 있다. 텃밭이 있는 자리는 원래 사람들이 살고 있던 마을이었다. 이곳에 도로 건설 공사가 계획되면서 보상받은 주민들은 마을을 떠나갔고, 주민이 떠난 마을은 통째로 사라져 빈터만 남은 것이다.

이 공터는 송림동 동국제강과 신흥동 삼익아파트 사이를 잇는 왕복 6차선 도로가 들어설 자리였다. 설계를 마치고 주민 보상을 끝낸 시공사는 비어 있는 가옥을 철거하기 시작했다. 근대기 일본인들에 밀려난 조선 사람들이 일궈낸 마을이자 100년 넘게 이어온 서민들의 보금자리가 불과 1년 남짓의 공사로 두 동강 난 것이다. 아울러 개항기 서울 가던 길이었던 쇠뿔고갯길도 허리가 잘릴 운명에 처해졌다. 가옥이 철거되고 도로가 들어설 자리에 기반 시설 공사가 마무리될 무렵, 도로 건설을 반대하는 주민들의 모임이 결성되었다. 통행권이 침해당하고 안전사고가 우려되었기 때문이다. 이 모임은 급기야 '배다리를 지키는 시민운동'으로 확대되었다. 해를 거듭해 가며 공방이 지속되던 중 당초의 설계에 문제가 있었음이 드러났고, 결국 지상으로 도로를 놓으려던 계획은 무산되었다.

| 산업도로 건설로 잘려나간 배다리 마을 (조오다 촬영)

도로 건설 공사는 이곳 배다리 마을을 물리적으로 분리시켰을 뿐 아니라 주민들도 갈라서게 만들었다. 도로 건설을 찬성하는 사람과 반대하는 사람들로 갈렸던 것이다. 계획대로라면 지금쯤 온갖 차량들이 쏟아내는 매연과 소음으로 가득한 도로가 되었겠지만, 다행스럽게도 이곳은 아이들의 놀이터, 할머니들의 텃밭, 주민들의 쉼터가 되어 양분된 두 공간을 이어주고 있다. 그럼에도 마을 사람들의 갈라진 마음은 좀처럼 이어질 줄 모른다. 길은 때때로 공간을 가를 뿐 아니라 사람들의 마음까지 갈라놓는다.

일곱번째 길
쇠뿔고개?
쇳불고개

창영방앗간에 들러 떡 한 봉지를 샀다. 상헌이가 좋아하겠지?
애기 주먹 만 한 이집 참쌀떡은 언제 먹어도 맛있다.
고갯길을 오르려니 슬슬 다리가 아파온다. 운동을 좀 해야겠다.

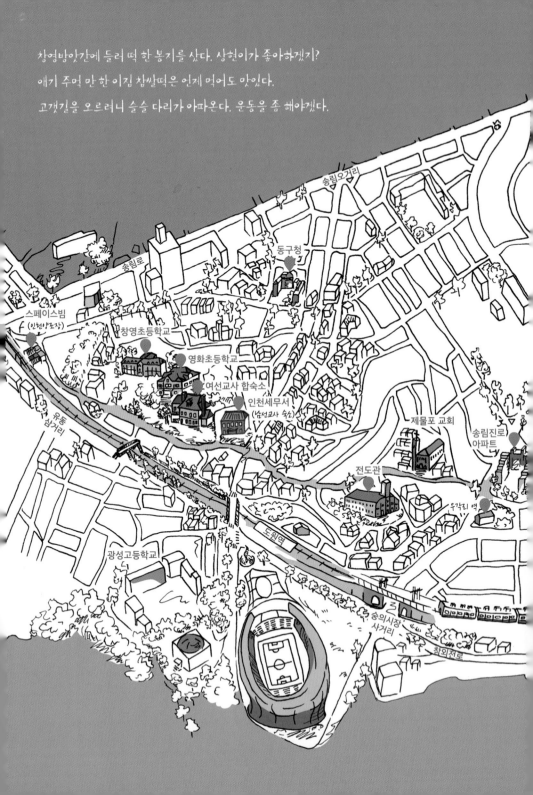

대학 때까지만 해도 인천의 중심이 동인천 일대에 있었기에 이래저래 그쪽으로 향할 일이 많았다. 학교 후문에서 버스를 타면 숭의로터리를 지나야 했는데, 그때마다 창밖으로 보이는 산동네 꼭대기의 기다란 흰색 건물이 궁금했다. 가깝지 않은 거리였음에도 거대해 보이는 건물이 꽤 위압적으로 다가왔었나 보다. 언뜻 보아 체육관 같았고, 건물 정면으로 높다란 탑이 있어 교회당처럼 보이기도 했다. 나중에 안 사실이지만, 이 건물의 정체는 전도관이라 부르던 예배당이었다. 전도관이 올라앉은 산동네 뒤편을 쇠뿔고개가 가로지르고 있다. 대부분의 고개가 그렇듯 이 고갯길이 어디부터 시작해서 어디에서 끝나는지 명확하지 않다. 어떤 이는 배다리 삼거리부터 고개가 시작된다고 하고, 다른 이는 인천세무서 지나 작은 사거리부터라는 등 의견이 갈린다. 하지만, 송림동 진로아파트 앞에서 고갯길이 끝난다는 것에는 대체로 동의한다. 새로 개편된 도로명주소에 '우각로'가 있다. 우리말로 풀면 '쇠뿔길'인데 '쇠뿔고개'를 의미하는 것이리라. 지도에 표시된 우각로는 산업도로를 놓으려 했던 창영동 공터 앞에서 고개 너머 진로아파트 건너편까지다.

이른 아침에 방울소리를 울리며 조선인 마부는 손님을 찾아 거류
지로 말을 끌어오고, 말에 달린 방울소리가 그 아침에 떠날 여행자

의 잠을 깨웠다. 이 작은 조선 말에 탄 여행자는 시내 변두리인 언덕에 올라오면 인천을 돌이켜 보면서 동쪽을 향해 달려가곤 하였다. 경성을 떠난 여행자는 이 언덕으로 올라와, 저물어 가는 인천 시내를 보고 '드디어 도착하였구나'라고 생각하였을 것이다.

- 『인천부사』, 1932

경계이자 통로가 된 고개

배다리 삼거리에서 길은 둘로 갈라진다. 직진하면 동구청 지나 이른바 '샛골'로 향하는 길이고, 오른쪽으로 방향을 틀어야 쇠뿔고개로 진입한다. 고개는 산으로 갈라진 두 공간을 이어주는 통로를 말하는 것으로, 고갯길은 봉우리와 봉우리 사이 낮은 골짜기를 넘어간다. 대체로 정상에서 능선을 따라 이어지는 산줄기는 양쪽 공간의 경계가 되며, 고개는 산줄기로 나뉜 공간을 이어준다.

경계와 통로의 개념으로 볼 때 쇠뿔고개는 조금 다른 모습이다. 조선총독부가 인천부의 범위를 개항장 주변으로 한정했을 때, 쇠뿔고개 마루턱을 중심으로 이어지는 산줄기는 인천부와 부천군의 경계가 되었다. 일제강점기 모모산[桃山]이라 부르던 철길 건너 광성고등학교부터 시작되는 산줄기는 전도관을 지나 재능대가 자리한 일명 부처산까지 이어진다.

당시 인천부의 경계를 정할 때 이 산줄기를 따라가며 경계선을 긋지는 않았다. 광성고 쪽의 경계는 지금 축구전용경기장을 가로지르고

| 1980년대 숭의로터리
분수대 우측 상단으로 보이는 건물이 전도관이다.

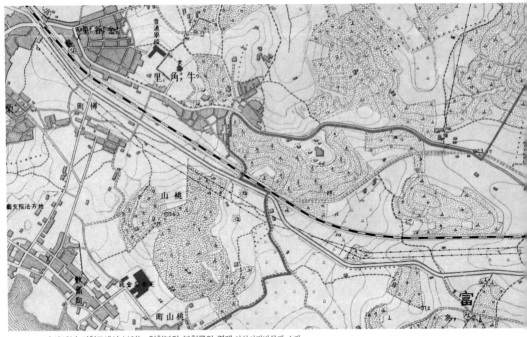

있었는데, 러일전쟁 이후 한동안 일본군 병참사령부의 수비대가 주둔하던 장소였기 때문이 아닐까 싶다. 아무튼 이곳에서 도원역을 지난 경계선은 쇠뿔고개 중턱에서 고갯길을 따라 이어진다. 경계를 가로질러 공간을 잇는 통로였던 여느 고갯길과 달리 쇠뿔고개는 경계이면서 통로가 되었다. 지금도 이 고갯길은 동구와 남구를 나누는 경계이자 통로로 이용되고 있다.

쇠뿔고개? 쇳불고개

'쇠뿔도 단김에 빼라'는 속담이 있다. 직역을 하자면 '소의 뿔이 달았을 때 빼라'이고, 풀어서 말하자면 어떤 일을 할 때 망설이지 말고 즉시 행동으로 옮겨야 함을 뜻한다. 성격 급한 내가 자주 사용하는 말로, 주로 일이 잘 풀리지 않고 답답할 때 별생각 없이 이 속담을 쓰곤 한다. 어느 날인가 '소뿔을 뽑을 때 왜 굳이 불로 달구었을까'하는 쓸데없는 궁금증이 일었다. 뿔을 손쉽게 뽑기 위해 그랬을지 모르겠지만, 소뿔을 뽑는 것은 물론 소 잡는 모습도 본 적 없던 나에게 좀처럼 이해가 안 가는 속담이었다. 혹시 '단숨'이란 단어가 단김으로 변한 것은 아니었을까? 별별 생각이 머릿속을 돌아다녔지만, 궁금증에 대한 명쾌한 해답을 내리지 못한 채 이내 잊어버리고 말았다.

당시의 궁금증이 해결된 것은 불과 얼마 전이다. 인천의 원로 문인 김양수 선생께 이것저것 여쭤보던 자리에서 쇠뿔고개 이야기를 들을 기회가 있었다. 선생 말을 옮기자면 "창영교회에서 도원역 북쪽을 돌아가는 고개가 소의 뿔처럼 생겨서 '쇠뿔고개'라 이름 붙였다고 알고 있는데, 실은 대장간에서 쇠를 녹일 때 사용하던 불을 뜻하는 '쇳불고개'가 와전된 이름"이라는 것이다. 도원역 주변에서 동구청 일대까지 대장간이 유난히 많았고, 이곳을 가리키는 이름 '샛골'도 '쇳골'의 변화된 발음이란다. 이곳의 행정 지명인 금창동은 금곡동과 창영동이 통합되면서 생겨난 것이고, 동구청이 있는 금곡동(金谷洞)을 우리말로 풀면 쇳골이 된다고 하셨다. 그렇게 보자면 단순히 소의 뿔을 닮아서 쇠뿔고개라 했다는 것보다 선생의 설명이 한층 설득력 있게 다가온다.

금곡동과 통합된 창영동의 옛 이름은 '소의 뿔'을 뜻하는 '우각리 (牛角里)'다. 1937년 인천부의 행정지명을 일본식으로 개편할 때 '창 영정(昌榮町)'이라 했던 것을 광복 후 그대로 사용하면서 사라진 이름 이 되었다. 예전부터 우각리라는 지명이 있었다면 이 고갯길이 소의 뿔을 닮아 쇠뿔고개라는 기존의 설명이 타당할 것이다. 하지만 이 지 명은 '경인철도 기공식을 우각동에서 거행했다'는 1897년 3월 23일 자 『독립신문』에 처음 등장할 뿐, 이전 기록에서는 찾아볼 수 없다. 쇳 불고개라 불리던 이곳을 한자로 표기할 때, 소리나는 대로 적다보니 쇠뿔을 뜻하는 우각동이 된 것은 아니었을까? 개항 이전까지 사람이 많이 사는 동네도, 이름을 표기할 만한 높은 고개도 아니었기에 굳이 한자 이름을 기록하지 않았을 것이다. 철길이 놓이고 사람들이 모여 들자 한자 지명이 필요하였고, 쇳불을 소리나는 대로 표기해 '우각 동'이 된 것이리라.

선생의 설명을 듣고 보니 속담에 등장하는 '쇠뿔'의 궁금증도 손쉽 게 해결되었다. '쇳불도 단김에 빼라'로 바꾸어 보니 의미가 와 닿는 다. '쇠붙이를 달구던 불이 식기 전에 얼른 빼라'는 의미인 것이다. 그 래야 조금 더 쉽게 연장을 만들 수 있었을 테니까.

도원동 철공소 (조오다 촬영)
지금도 도원역 주변으로 영업을 이어
가고 있는 철공소가 여럿 남아있다.

선교 스테이션을 꿈꾸었던 존스 목사

　　　　어렸을 적 골목길에서 동네 친구들과 뛰놀다가도 6시가 되면 집으로 돌아왔다. 6시에 시작하는 TV 만화영화를 보기 위해서였다. 당시 TV로 보았던 만화들을 일일이 기억할 수 없지만, 그래도 머리에 남아 있는 것들을 불러내 보니 십 수 개는 넘는 것 같다. 〈허클베리 핀의 모험〉이라는 만화가 있었다. 마크 트웨인 원작의 만화영화로 줄거리는 생각나지 않지만, '허클베리 피~인, 허클베리 피~인, 허클 허클 베리 핀'으로 시작되는 주제가와 개구쟁이 허클베리 핀의 모습이 기억에 남는다. 그보다 조금 컸을 때 보았던 〈톰 소여의 모험〉도 있었다. 그러고 보니 어릴 적에는 유독 '모험'이 들어가는 만화 제목이 많았다.

　　〈허클베리 핀의 모험〉과 〈톰 소여의 모험〉은 미국의 미시시피강을 배경으로 한다. 비록 만화였지만 미시시피강이 내려다보이는 그림 같은 집을 보면서 '나중에 크면 저런 집에서 살고 싶다'는 생각을 했었다. 금방이라도 만화영화에서 튀어나온 것 같은 이층집을 쇠뿔고개에서 마주했다. '기독교 여선교사 숙소'라는 다소 긴 이름을 가지고 있는 이 집은 조선에 여선교사를 파송한 미국 오하이오주 갬블 여사의 재정 지원으로 지어졌다 해서 '갬블 홈(Gamble Home)'이라고도 불린다. 당시 건물 뒤편 언덕으로는 내리교회의 기틀을 다졌던 존스(G. H. Johns) 목사의 사택과 남선교사 숙소가 들어서 있었다. 언론인이자 시조 시인이었던 최성연 선생은 『개항과 양관역정』에서 이곳을 '선교사들의 별천지'라 표현하였다.

윤이 짜르르 흐르는 잔디밭이 언덕 전체를 덮고 있었고, 멋지게 손질된 수목들 사이에 세 채의 양관이 삼각형의 정점마다 자리 잡고 있었다.

- 최성연, 『개항과 양관역정』, 1959

이 책에서 최성연 선생은 존스 목사의 사택을 아펜젤러 사택이라 언급하기도 하는데 두 사람이 함께 사용하였는지, 아니면 애초에 아펜젤러의 사택으로 지었다가 존스 목사가 사용하였는지 정확한 것은 알 수 없다. 지금 성서침례교회 자리에 있던 이 집은 존스 목사가 귀국한 뒤 개인병원으로 사용되다가 일제강점기 경성전기주식회사에 매

| 1960년대 감리교 여선교사 숙소

각되어 변전소가 되었다. 남선교사 숙소는 1955년 동인천세무서를 개설하면서 헐렸던 것으로 보인다. 전하는 말로는 세 채의 건물 외에 1897년 존스 목사가 목사관 및 예배당을 짓고 '에즈버리 목사관'이라 이름 붙였다고도 하는데, 그렇다면 이곳에는 네 채의 서양 건물, 즉 양관이 있었다는 이야기가 된다.

1892년 아펜젤러에 이어 내리교회의 2대 담임 목사이자 인천 선교 관리 책임자로 부임한 존스 목사는 쇠뿔고개 일대를 인천 지역의 선교 거점, 즉 '제물포 선교 스테이션'으로 삼고자 했다. 선교 스테이션이란 선교 사업을 수행하는 과정에서 주민에 대한 각종 지원과 선교 정책을 수립하기 위한 거점을 말한다. 그는 우선 일대의 토지를 매입하여 자신의 사택과 선교사 숙소를 건립하였다. 신자 수가 늘어나면서 내동에 있던 예배당이 비좁아지자 1900년 신축 공사에 들어가는데, 이때 우각리에 12칸 규모의 한옥을 짓고 교회를 임시로 옮겨 왔다고 한다.

존스 목사가 쇠뿔고개에 선교 스테이션을 마련하고자 했던 것은 서울 가는 길목에 있어 교통이 편리했고, 이미 도심이 형성되어 있던 내동에 비해 땅값이 저렴했기 때문이다. 특히 이곳은 인천감리서에서 죄수들의 사형을 집행했던 장소였기에 헐값에 땅을 매입할 수 있었다. 일제강점기 인천부회 의원이었던 고타니 마쓰지로[小谷益次郎]의 회고에서 이곳이 사형장이었음을 알려주는 대목이 등장한다.

황해도 방면에 피신해 있던 가해 순검을 데리고 와서 마침내 사형에 처하게 되었다. 이 일이 시중에 퍼져나가 조선인과 일본인들은 사형 당일 지금의 법원 정문 앞에서부터 서경정, 경정에 이르기까지 모여들어 혼잡을 빚고 있었다. 사형수는 호판이라 불리는 나무판에 태워진 채로 감리서의 문을 나갔지만 그 모습은 마치 죽은 사람과 다를 바 없었다. 지금 창영정의 모퉁이를(당시는 철도가 없었다) 돌아 창영소학교 앞을 지나 앵정(櫻町)의 이와모토[岩本]목장으로 향하는 언덕 위의 형장에 도착, 여기서 효수대의 이슬로 사라졌다. 그 주위를 둘러싼 군중들이 처형 모습을 구경하고 있었다.

- 고타니 마쓰지로, 『경성일보』 1939년 12월 17일

이 회고에서 고타니는 1896년 여름, 인천에서 부산 사람들이 일으킨 대소동이 있었다고 전하면서, 그 원인은 감리서 순검이 이 모라는 부산 사람을 체포하는 과정에서 폭력을 행사하여 죽음에 이르게 하였기 때문이라고 했다. 이로 인해 인천에 거주하던 부산 출신 500여 명이 감리서에 집단으로 몰려와 항의했는데, 결국 폭력을 행사한 감리서 순검이 처형되면서 소동이 마무리되었단다. 감리서 순검이 처형된 사형장은 창영학교 지나 앵정(지금 도화동)으로 향하는 언덕, 즉 쇠뿔고개 중턱에 있었다.

땅값이 쌀 수밖에 없는 도심 외곽의 사형장 자리는 존스 목사가 선교 스테이션을 만드는 데 적합한 조건을 가지고 있었다. 이러한 입지 조건은 성 밖이나 도심 외곽에 선교 거점을 두었던 평양, 대구, 순천 등의 선교 스테이션과도 매우 유사한 성격을 띤다. 대체로 선교 스테이션에는 선교사 숙소, 예배당, 학교, 병원 등 선교 사업과 관련된 다양한 시설이 모여 있었다. 존스 목사가 구상했던 제물포 선교 스테이

션의 모습도 그와 다르지 않았겠지만, 1903년 갑작스런 귀국으로 그의 구상은 계획에 그칠 수밖에 없었다.

지금 이곳에 남아 있는 건물은 여선교사 합숙소뿐이다. 처음 이 집을 찾았을 때 금방이라도 톰 소여와 허클베리 핀이 뛰어 나올 것 같은 느낌이었다. 너른 편은 아니었지만 잔디가 깔린 정원에 현관 앞으로 커다란 은행나무가 서 있어, 급경사를 이루며 내려오는 지붕선과 묘한 조화를 이루고 있었다. 최근 건물 정면으로 창영교회 비전센터가 건립되었다. 은행나무가 있던 자그마한 정원은 간데없이 사라졌고, 그 앞을 3층짜리 새 건물이 가로막아 버렸다. 이제 이 집 현관에서 허클베리 핀이 뛰어나오는 상상을 기대하기는 어려울 것 같다.

| 감리교 여선교사 숙소 (조오다 촬영)

영화학교와 영화여학교

우각리에 제물포 선교 스테이션을 만들겠다던 존스 목사의 구상은 1900년 내동 교회의 신축 공사를 위해 이곳에 임시 예배당을 건립하면서 잠시나마 실현되는 듯했다. 당시 교회 안에 자리했던 영화학교도 함께 이전해 왔기 때문이다. 웨슬리 예배당이라 불렸던 내동 예배당이 준공되어 교회는 옮겨 갔지만, 영화학교는 그대로 남아 임시 예배당 건물을 사용했던 것으로 보인다. 그러나 1903년 우각리 예배당을 매각하고, 내동의 교회 담장 안으로 단층의 벽돌조 교사를 신축하면서 학교마저 이곳을 떠났다. 전하는 말로는 당시 우각리 예배당에 화재가 발생하여 학교를 이전한 것이라고 한다. 영화학교가 이전한 후 이곳으로는 영화여학교가 들어선다.

영화학교와 영화여학교는 조선인을 대상으로 한 인천 최초의 근대식 교육 기관이다. 1966년 창영동에 있던 영화여자국민학교가 샛별국민학교로 이름을 바꾸어 남녀공학이 되고, 내동에 있던 영화남자국민학교가 1970년 폐교할 때까지 각각 별개로 존재했던 학교였다. 샛별국민학교로 바뀐 교명은 1973년 원래의 이름을 되찾아 지금에 이르고 있다. 두 학교의 개교 시기에 대해서는 논란이 많지만, 대체로 1892년에 존스 목사와 그의 부인에 의해 각각 개교한 것으로 정리되고 있다. 개교 당시 영화학교와 영화여학교는 내리교회 안에서 조선인 자녀를 대상으로 교육을 시작했는데, 1900년 교회를 신축할 때 우각리로 이전했던 영화학교와 달리 여학교는 교회 뒤편의 한옥을 임시교사로 사용하였다. 3년 뒤 싸리재에 벽돌 건물을 지어 이전했다가

| 영화여학교 (조오다 촬영)
1910년 3월 30일 신축된 영화여학교 건물. 1966년 영화남자국민학교와 통합하여 샛별국민학교로 이름을 바꾸었으나, 1973년 다시 영화국민학교가 되었다.

1910년 지금의 자리로 옮겨 왔다. 학교를 옮기면서 신축한 3층 벽돌 건물이 아직 남아 있는데 교실마다 스팀 난방이 설치된, 당시로서는 초현대식 건물이었다고 한다.

조선인, 자녀 교육을 시작하다

일찍이 영화학교와 여학교가 내동에서 조선인에 대한 교육을 시작했지만, 선교 사업의 일환으로 운영되었기에 학생은 거의 기독교 집안의 자녀들로 채워졌다. 대부분의 조선 아이들은 교육의 기회조차 누릴 수 없었고, 그나마 여유 있는 집안의 자녀만이 서당에서 글을 익히고 있었다. 갑오개혁으로 '소학교령'이 반포되었어도 상황은 크게 바뀌지 않았다. 그러나 싸리재 너머로 모여든 조선 사람들은 이미 운영되고 있던 일본 소학교와 영화학교를 보며, 점차 자녀 교육의 중요성과 필요성을 깨닫게 되었을 것이다.

감리교가 우각리를 선교 거점으로 주목했던 것처럼 뜻있는 인천의 유지들도 마을을 이루어 가던 이곳에 조선인 자녀를 위한 교육 기관을 설립하려 했다. 1906년 신상협회의 설립자 서상빈과 대한자강회 인천지회장 정재홍은 우각리 지금의 창영학교 운동장에 40칸 규모의 교사를 마련하고 학교를 설립하였다. 애초에 학교 이름을 '천기의숙(千起義塾)'으로 정했지만, 뜻을 펼치기에 미흡하다 하여 인명학교(仁明學校)로 이름을 바꾸고 1907년 5월 21일 개교식을 거행하였다. 이 학교의 설립자 정재홍(鄭在洪)은 이토 히로부미와 박영효를 암살하려던 계획이 실패로 돌아가자 그 자리에서 목숨을 끊은 순국열사다. 그가 자결한 것은 인명학교가 개교하고 한 달이 조금 넘은 시점이었다. 을사늑약으로 나라의 운명이 위태로웠던 시절, 조여 오는 일제의 압박을 벗어나기 위해서는 교육을 통해 민족의식을 불어넣어야 한다고 믿고 있었지만, 뜻을 이루지 못한 채 목숨을 끊었다.

인명학교는 설립단계에서부터 일본의 통제를 받았다. 조선통감부는 민족 교육을 목적으로 하는 사립학교의 설립을 억제하려 했고, 인천이사청에서는 보통학교령에 의해 개교를 목전에 두고 있던 인천공립보통학교(지금 창영초등학교)의 부속학교로 할 것을 조건으로 인명학교의 설립을 인가하였다. 그러나 제1회 졸업식 및 진급식을 마지막으로 1912년 인천공립보통학교에 통합되고 만다.

인명학교의 개교식을 보름 정도 앞두고 있던 1907년 5월 6일 인천공립보통학교가 개교하였다. 개교 당시 내동의 감리서 안에 있던 관립 일어학교의 교실을 임시 교사로 삼았다가 그해 12월 우각리 인명학교 뒤편에 교사를 신축하여 이전했다. 비록 조선통감부의 통제를 받았던 공립보통학교로 개교했지만, 3·1운동 당시 인천에서 가장 먼저 만세를 불렀던 학교였다.

이외에도 우각리에는 취은 김병훈 선생이 운영하던 의성사숙(意誠私塾)이 있었다. 창영학교 옆 골목에 있던 의성사숙은 학교가 아닌 서당의 형태로 운영되었다. 충북 단양 출신인 김병훈 선생은 1908년 인천에 정착하면서 서당 문을 열고 후학을 양성했는데, 서화에 특히 능해 인천의 마지막 선비라 불린 인물이다. 김병훈 선생의 문하에서 서예가 박세림, 유희강을 비롯하여 『인천석금』을 펴냈던 언론인 고일, 미술사학자이자 개성부립박물관장을 지낸 고유섭 등 많은 문화계 인사들이 배출되었다.

| 1930년대 인천공립보통학교(현 창영초등학교)

별장이 들어선 고갯마루, 그리고 전도관

창영학교, 영화학교, 여선교사 숙소 등 고색창연한 붉은 벽돌집이 어깨를 잇고 있는 쇠뿔고개를 올라 마루턱에 닿으면, 왼편 언덕 위로 흰 벽을 가진 커다란 건물과 마주한다. 숭의동 로터리에서 버스 창으로 보았던 정체불명의 거대한 건물, 전도관이다. 사실 전도관이 이 자리에 머무른 것은 불과 20년 남짓이고 이곳을 떠난 지 벌써 40년 가까운 세월이 흘렀는데도, 여전히 전도관이라 불리는 것은 이 건물이 들어섰을 때 사람들이 받았던 강한 인상 때문일 것이다.

이곳에 처음 건물이 들어선 것은 1897년경으로 존스 목사가 우각리 사형장 인근을 매입할 무렵이었다. 당시 주한미국공사였던 호러스 알렌(H. N. Allen)은 쇠뿔고개 정상에 여름 별장 용도로 2층의 벽돌 건물을 지었다. 알렌은 조선에 입국한 이래 종종 인천에서 휴가를 보냈다고 하니, 바다를 조망할 수 있는 이곳에 별장을 마련한 것은 어찌 보면 당연한 일이었다. 게다가 기공식을 마친 경인철도의 노선이 별장 아래로 지나게끔 설계되었기 때문에 보다 편리하게 인천을 오갈 수 있을 터였다.

실제로 경인철도의 1차 기공식이 그의 별장 아래 쇠뿔고개가 끝나는 지점에서 거행되었고, 개통 후 이곳에 우각리역이 들어섰다. 역이 있던 자리는 지금 송림동 진로아파트 아래에 해당하는데, 주변으로 마을이 많지 않았던 데다 축현역(지금 동인천역)까지 불과 2km 거리에 있어 역이 들어설 만한 입지는 못 되었다. 일설에 따르면 미국인 사업가 모오스(J. R. Morse)가 운산금광 채굴권과 경인철도 부설권을 획득

하는 데 알렌의 도움이 있었고, 그에 대한 답례로 이곳에 역을 두었던 것이라고 한다.

개항 이후 바다가 바라보이는 언덕 꼭대기로는 어김없이 외국인의 집이 들어섰다. 알렌의 별장 외에도 자유공원이 있는 응봉산 정상으로 세창양행 지배인 칼 발터(C. Walter) 소유의 사택과 영국 상인 제임스 존스턴(J. Johnston)의 별장이 지어졌고, 싸리재 언덕 위 율목도서관 자리에는 정미소를 경영했던 일본인 사업가 리키다케 헤이하치[力武平八]의 별장이 있었다. 이렇듯 언덕 꼭대기마다 외국인의 집이 자리한 것은 무엇보다 바다를 조망할 수 있는 수려한 경관 때문이었다. 외국인들이 언덕 위의 멋들어진 건물에서 석양이 떨어지는 바다를 감상할 무렵, 언덕 아래 조선인들은 힘겹게 버텨냈던 하루를 마감하고 있

| 알렌의 별장

었을 터이니, 건물만 대조를 이루었던 것이 아니라 그 안의 삶마저 대조적이었다.

1905년 알렌이 귀국한 후 이 집은 몇몇 부호의 소유를 거쳐 1938년부터 학교로 사용되었다. 영화여학교 출신 이순희 여사가 동생과 함께 집과 토지를 매입한 뒤에 자신이 설립한 계명학원을 이곳으로 옮겨 운영하였다. 어르신들 말씀으로 이 학원을 '개미학원'이라 불렀다는데 아마도 계명학원의 발음이 잘못 전해진 것이리라. 아무튼 계명학원은 광복 당시 학생 수가 700명에 이르렀으며, 이순희 여사는 1947년 계명여자실업학원으로 이름을 바꿔 교육 사업을 이어갔다. 6·25전쟁으로 휴교에 들어간 이 학교는 은행 융자에 문제가 생겨 건물과 토지를 차압당했고, 결국 다시는 문을 열지 못했다.

학교가 떠난 자리에 이번에는 교회가 들어선다. 경매에 붙여진 계명학원의 건물과 토지를 낙찰받은 것은 당시 신흥종교로 교세를 확장하고 있던 한국예수교전도관부흥협회(현 천부교), 이른바 전도관이었다. 1955년 박태선이 창립한 전도관은 그해 9월 동산중학교 앞 광장에서 인천지역 부흥 집회를 일주일간 계속하였고, 12월에는 계명학원 건물을 낙찰받는다. 이듬해부터 공사를 시작하여 70년 된 알렌의 별장 건물을 부순 뒤, 그 자리에 예배당을 신축하였다. 한동안 인천전도관은 건물의 증축을 거듭해 가며 교세를 확장하였으나, 얼마 안 가 신도들의 내분으로 혼란이 거듭되다가 1978년 문을 닫고 말았다. 그 후 이 건물은 1984년 이초석이 설립한 한국예루살렘교회에 인수되었다. 훗날 예수중심교회(J.C.C)로 이름을 바꾼 예루살렘교회는 이 건물에서 20여 년을 머문 뒤 2005년 가좌동으로 이전한다.

알렌의 별장 자리에 들어선 전도관 건물 (조오다 촬영)

인천의 대표적인 서민 마을로 불리는 숭의동 109번지 언덕 뒤로 우뚝 솟아 있는 이 건물은 숱한 역사를 간직한 채 빈집으로 남아 있다. 독특한 외관과 음침한 내부 때문인지 영화나 드라마에서 간혹 등장할 뿐이다. 소유주가 여러 명이라 제대로 된 활용조차 어렵다고 한다. 지금 이 일대는 정부가 추진하는 뉴스테이 연계형 정비 사업에서 '전도관 구역'으로 선정되었다. 사업이 완료되면 주변으로 1천여 세대의 대단위 아파트가 들어설 예정이란다. 그렇게 되더라도 100년 넘는 역사를 간직하고 있는 쇠뿔고갯길과 흉물이 되어버린 전도관만큼은 남겨 두었으면 하는 바람이다. 박태선이 70년 된 알렌 별장을 헐고 전도관을 새로 지은 지 벌써 60년이 지났다. 다시 60년이 흘러 이 거대한 집을 누군가 바라본다면 혹시라도 건물과 공간이 담고 있는 역사에 대해 궁금증이 일지 않을까? 언젠가 나처럼 말이다.

조선총독부령 제111호와 부제의 실시

　　한일병합 후 식민통치가 시작되자 조선총독부는 그간 진행해 온 토지 조사 사업의 결과를 토대로, 1914년 4월 1일 조선총독부령 제111호 『도의 위치·관할 구역 변경 및 부·군의 명칭·위치·관할 구역 변경에 관한 규정』에 따라 대대적인 행정구역 개편을 실시한다. 도시와 농촌을 분리시켜 도시는 '부(府)'로, 농촌은 '군(郡)'으로 편제했는데 부가 12개, 군은 220개였다.

　　인천의 경우 개항장과 그 주변만을 인천부로 한정하였고, 나머지 지역과 부평 전역을 통합하여 부천군으로 삼았다. 당시 인천부에 속했던 곳은 지금 중구와 동구에 해당한다. 아울러 인천부는 마을의 행정 단위까지 정비하는데 일본인 거주 지역에는 '정(町)'이라는 일본식 지명을, 조선인 거주 지역은 기존의 지명에 '리(里)'를 붙여 사용했다. 그에 따라 길 하나를 사이에 두고도 신포동은 신정(新町)이라는 일본식 지명을, 내동은 내리(內里)라는 조선 지명을 갖게 되었다. 조선인들이 주로 거주했던 경인철도 북쪽은 일본인이 매립하여 조성한 만석정을 제외하고 모두 '리'라는 조선 지명을 가지고 있었다. 지금 도원동, 창영동, 송림동의 동쪽 끝 선이 인천부와 부천군 다주면의 경계에 해당한다.

여덟번째 길

제물포는
제물포에 없다

- 전쟁 고아를 보듬었던 계명원

- 대지기 골목길

- 북망산(北邙山)이라 불린 언덕

- 백인엽 장군의 개인왕국, 선인학원

- 제물포가 아니었던 제물포

- 길 옆에 선 교각

- 도마다리＋숙골＝도화동

볼거리 없이 이야기만 남아 있는 길이 계속되다 보니 지루하다.

이곳의 도로나 골목길은 어디서나 볼 수 있는 평범한 길이다.

때로는 특별하지 않음이 더 빛나 보일 때가 있다.

마징가제트 닮은 선인체육관을 부숴버린 게 아쉽기만 하다.

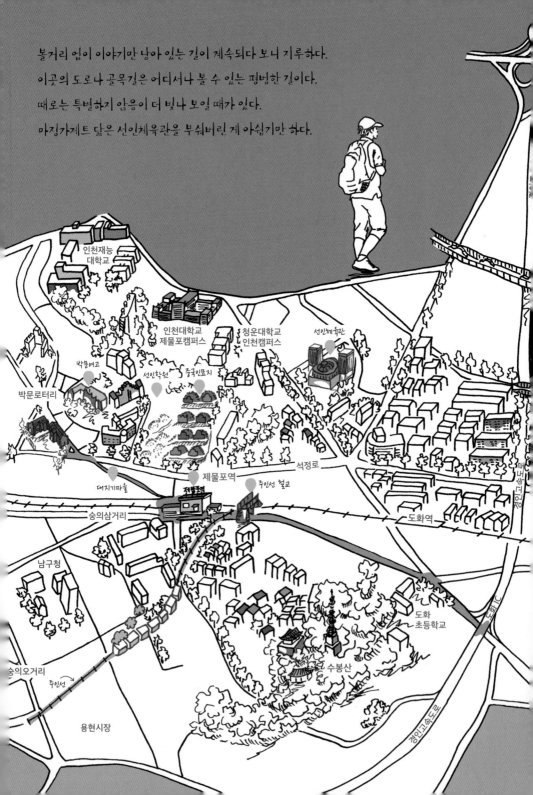

인천재능
대학교

인천대학교
제물포캠퍼스

청운대학교
인천캠퍼스

선인체육관

박뚱벼고

선인학원

중국인묘지

박문로터리

석정로

제물포역

덕지기마을

전통공연

주인선 철교

숭의삼거리

도화역

남구청

도화
초등학교

수봉산

숭의오거리

주인선

용현시장

경인고속도로

성당IC

박물관에 있다 보니 인천의 역사에 대해 강의할 일이 종종 생긴다. 대상도 노년층에서 초등학생까지 천차만별인지라 그때마다 수강생의 눈높이를 맞추는 것도 쉬운 일은 아니다. 특히 내 또래거나 연배가 많은 수강생 앞에 설 때면, 벌써 말투에 자신감이 없어지고 조심스러워진다. 인천에 대한 기억이 나보다 많은 분들이 대부분이기 때문이다. 언젠가 경인철도의 역사에 대해 강의한 적이 있다. 강의실을 막 나서는데 연세 지긋한 할머니 한 분이 다가와 질문을 던진다. "경인선이 처음 개통되었을 당시의 노선은 제물포에서 노량진까지가 맞지 않냐"는 것이다. 경인선의 최초 개통 구간이 인천에서 노량진까지라 했던 강의 내용에 대해 질문을 가장한 반박인 셈이다. 인천역이 있던 장소가 원래 제물포라 불리던 곳이고, 초기에는 인천역의 영문 표기를 제물포(Chemulpo)라 했다는 설명을 듣고서야 이해가 가는 눈치였다. 그런가 싶더니 이내 또 다른 질문이 돌아온다. "그런데 왜 제물포역은 거기에 있는 거죠?"

전쟁 고아를 보듬었던 계명원

쇠뿔고개를 내려온 서울 가는 길은 횡단보도 건너 송림동 진로아파트 골목을 따라간다. 진로아파트는 1999년 고아원 '계명원(啓明院)'이 떠난 자리에 들어섰다. 계명원은 양계석 원장이 1951년 11월 설립한 복지 시설로 1996년 강화군 양도면의 새 보금자리로 이전하였다. 처음에는 전도관 자리에 '계명학원(啓明學院)'을 열었던 이순희 원장이 이를 이어서 설립한 고아원인 줄 알았다. 이름은 물론 한자도 같았고, 6·25전쟁으로 계명학원이 휴교에 들어간 지 얼마 안 되어 설립되었기 때문이다.

계명이라는 단어는 『시경』 「소아편(小雅篇)」에 나오는 것으로 샛별, 즉 새벽 하늘의 금성을 뜻한다. 이 단어가 비슷한 시기에 학원과 고아원 이름에 붙게 된 것은 이순희 원장과 양계석 원장이 모두 독실한 기독교 신자였기 때문으로 보인다. 성경을 우리말로 펴낼 때 「이사야서」 14장 12절에 나오는 'morning star'를 '계명성(啓明星)'으로 번역했다. 번역 자체에 논란이 있기는 하지만, 여기서도 계명은 아침을 여는 동쪽 하늘의 샛별을 말한다. 하루를 여는 샛별처럼 아이들에게 새 희망을 불어넣는 학교나 고아원을 만들겠다는 의지의 표명이리라. 1965년 감리교에서 운영하는 창영동의 영화여학교가 샛별국민학교로 이름을 바꾼 것도 같은 의미였을 것이다.

계명원이 있던 자리는 일제강점기 일본인 이와모토 지로[岩本治郎]가 운영하던 목장이 있던 곳이다. 이와모토 목장이 언제부터 여기에 터를 잡고 있었는지 알 수 없지만, 『인천부사』에 '선대가 개항 초기에 인

| 1960년대 계명원

천으로 건너온 인물이며, 철도가 이곳을 지나던 시절 우각리 정거장
이 목장의 문 앞에 있었다'는 것으로 보아 적어도 경인철도 노선 개량
공사가 시작된 1907년 이전에 이미 목장이 운영되고 있었음을 알 수
있다. 이와모토 목장의 흔적은 계명원의 설립자 양계석 원장의 수기
에도 드러난다.

> 송림동 계명원 자리는 일제시대 소 먹이는 목장 터였다. 강당 자리
> 가 축사였고 숙사 자리는 인부들의 숙소가 있던 곳이다. 급하게 보
> 육 시설로 꾸미다 보니 여기저기 손봐야 할 곳이 너무나 많다. 주
> 변이 온통 잡초뿐이다.
>
> - 양계석, 『아이들과 함께 비를 맞으며』, 계명원, 2008

양계석 원장은 평안도 출신으로 광복 후 경기도청 후생관을 거쳐
'부랑아 수용소' 선감원에 근무하던 중 6·25전쟁을 맞았다. 서울 수

복 직후인 1950년 10월 배다리 골목길에 쓰러져
있던 두 명의 고아를 집으로 데려와 돌보기 시작
하는데, 이렇게 그가 돌보던 전쟁고아는 두 달 만
에 8명으로 늘어났다. 길에서 데리고 온 아이가
네 명, 교회 목사와 파출소에서 맡긴 아이들이 네
명이었다. 이러한 사실이 주위에 알려지자 교회
를 비롯해 임시로 전쟁고아를 돌보고 있던 이곳
저곳에서 도움의 손길을 요청해 왔다고 한다. 선
감도와 인천 집을 오가며 부랑아들을 돌보던 양
계석 원장은 결국 1951년 11월 선감원을 퇴직한
뒤, 미국 기독교 아동복리회(C.C.F)의 지원을 받
아 이곳에 계명원을 설립하였다.

　전쟁 중이라 계명원에 맡겨지는 아이들은 해
마다 늘어만 갔다. 아이들이 늘어나자 축사를 개
조해 쓰던 숙소 건물이 부족해졌고, 시설의 운영
을 위한 자금도 점점 증가하였다. 지원금과 기부
금만으로 이를 충당하기가 힘들었던 양계석 원장
은 자비를 털어 영종도의 염전을 매입하고, 여기
서 나는 수익을 계명원의 운영자금으로 활용하였
다. 1989년 복지사업에 일생을 바쳤던 양계석 원
장이 세상을 떠나자 계명원마저 강화도로 터전을
옮겼다. 그리고 그 자리에는 22층 높이의 고층 아
파트가 들어섰다.

계명원 자리에 들어선 진로아파트 (조오다 촬영)

까? 이 지명이 한일병합 이후의 자료에서부터 등장하는 것으로 미루어 인천 연안의 등대지기를 이곳 사람들에게 맡겼을 가능성도 없지 않다.

대부분의 지명 유래가 추정에 근거하듯이 대지기 역시 추정에 의존할 수밖에 없다. 어설픈 추정으로나마 지명의 유래를 밝히려는 것은 이제 대지기라는 이름도, 이곳이 대지기였음을 아는 사람도 점점 사라져가고 있기 때문이다.

북망산(北대山)이라 불린 언덕

중국 하남성에 후한(後漢) 이래 여러 왕조의 도읍이었던 낙양이라는 도시가 있다. 낙양의 북쪽에 있는 작은 산을 북망산이라 부르는데, 역대 제왕과 귀족의 무덤이 많은 산이다. 우리나라에서도 북망산은 무덤이 많은 산을 가리키거나 저승세계를 뜻하는 대명사로 쓰인다. 대지기 뒷산, 즉 송도로 옮겨간 인천대학교를 비롯해 크고 작은 학교들이 올망졸망 모여 있던 언덕도 한일병합 이전부터 북망산(北대山)이라 불렀다. 야트막한 산에 무덤이 많았기 때문일 것이다. 일제의 식민통치가 시작되면서 이미 북망산이라 불리고 있던 이곳으로 공동묘지가 들어섰다. 1912년 조선총독부는 『묘지·화장장·매장의 화장 및 단속규칙』을 공포하여 전국 각지에 공동묘지를 설치할 것을 법으로 정했다. 풍수에 따라 묫자리를 잡는 조선의 풍습 때문에 이웃 간 다툼이 끊이지 않았고, 농지 훼손의 문제가 있다는 이유 때문이었다. 이

| 1947년 위성지도에서 보이는 중국묘지와 화동 공동묘지
　제물포역은 1959년 신설된 역으로, 사진이 촬영될 당시만 해도 이곳에는 기차역이 없었지만 이해를 돕기 위해 표시하였다.

에 따라 인천부는 1914년 3월 지금은 철거된 선인체육관이 있던 자리에 8,275평 규모로 화동(禾洞) 공동묘지를 조성하였다.

　조선인에 앞서 이곳을 공동묘지로 삼았던 것은 인천에서 생활하던 화교들이다. 원래 중국인 묘지는 내동 내리교회 서편에 있었는데 개항장과 지금의 동인천역을 이어주는 홍예문이 뚫리면서 중국 묘지 주변으로 가옥과 상가가 모여 들었다. 제한된 묘지 면적으로는 나날이 늘어나는 화교의 수요를 감당하기 어려웠을 것이고, 자신들의 영역을 확장하려 했던 일본인에게 이 묘지는 걸림돌이 될 수밖에 없었다. 결국 1912년 내동의 중국 묘지는 이곳 북망산으로 옮겨온다. 그 과정에

서 화교 사회는 북망산에 있던 일부 조선인 무덤을 이장시키기도 했
다. 중국인 공동묘지는 지금 인화여중 자리를 중심으로 하는 언덕배
기에 8,874평 규모로 조성되었다.

　일본인들은 인천부 경계 너머에 있던 도화동에 조선인 공동묘지를
신설하고 중국인 묘지를 이전했지만, 율목동에 두었던 그들의 공동묘
지와 북성동에 있던 외국인 묘지는 광복 때까지 그대로 존치시켰다.
북성동 외국인 묘지는 면적도 얼마 되지 않았고, 도심 바깥의 해안가
에 위치했기 때문에 이전의 필요성이 크지는 않았을 것이다. 게다가
서양의 무덤이라는 것이 공원처럼 꾸며져 있어 신태범 선생의 말을
빌면 "묘지라기보다는 아름다운 소공원이라고 해야 마땅할 것"만 같
은 모습이었다. 그에 비해 율목공원 자리에 있던 일본인 묘지는 적지

않은 면적에 질서정연하게 묘비를 세워놓은 것이 우리네 공동묘지와 다를 바 없이 음침하고 황량했다. 자신의 영역 가까이에 조상의 묘를 두고 싶어 하는 것은 일본인이든 조선인이든 누구나 매한가지일 터인데, 유독 조선인과 중국인의 공동묘지를 경계 밖으로 밀어낸 것은 혐오 시설인 도축장과 성냥공장을 조선 마을에 조성했던 것과 같은 의미일 것이다. 일제강점기 살아서도 차별을 받았던 조선인은 죽어서 역시 일본인과 다른 대우를 받고 있었다.

북망춘경(北邙春景)

주접몽(周蝶夢) 엷게 치니 홍안도 가련토다
춘광(春光)이 덧 없은 줄 넨들 아니 짐작하랴
그 넘아 저 건너 황분(荒墳)이 마음에 어떠니

- 고유섭, 『경인팔경』, 1925

'북망춘경'이라는 제목이 붙은 이 시조는 인천 출신의 미술사학자 고유섭 선생이 기차로 통학하던 시절 지은 연시조 「경인팔경」 중 제7 연에 해당한다. 집으로 돌아가는 열차 안에서 깜빡 졸다 깬 선생은 차창 밖 황량한 북망산의 풍경을 보며 봄날 단꿈의 허망함을 시조로 읊었다. 열차가 주안역을 출발해서 축현역에 이르는 동안 창밖으로 펼쳐지는 무덤들의 긴 행렬이 선생에게 인생의 허망함을 느끼게 하였던 것일까.

6·25전쟁이 끝나고 인구가 급증하면서 주택난이 발생하자 인천시는 이곳에 있던 공동묘지를 외곽으로 옮기려는 계획을 세운다. 우선 1959년 6월 이곳의 중국 묘지를 폐쇄하고 이를 만수동으로 이전하기 시작했다. 이어 1961년부터는 선인체육관 자리에 있던 화동 공동묘지의 이전을 추진하였다. 그리고 공동묘지가 떠난 자리에 선인재단의 학교 건물이 하나둘 들어서면서 이제 북망산은 학원(學園)으로 변해 갔다.

백인엽 장군의 개인 왕국, 선인학원

어릴 적 잠시 다녔던 중학교에는 흉흉한 괴소문이 있었다. 언덕 마루에 지은 학교 터가 원래는 공동묘지였는데 밤이 되면 소복을 입은 귀신이 출몰한다는 이야기였다. 귀신을 직접 보았다는 아이도 있었고, 운동회가 있거나 소풍 가는 날이면 비가 오는 이유가 귀신의 장난이라고도 했다. 이사를 하면서 전학한 다른 학교에는 화장실 귀신의 소문이 있었다. 어느 학교든 귀신과 관련된 소문이 한두 개쯤 없는 학교는 없을 것이다. 오죽하면 〈여고괴담〉이라는 영화가 나왔을까?

중국 묘지와 공동묘지가 떠난 도화동 언덕으로 선인학원에서 설립한 학교들이 들어섰다. 선인학원의 역사는 1947년 화도진 공원 아래 삼화제분 자리에 문을 연 성광중학교에서 시작한다. 성광중학교는 황해도 출신의 청년 사업가 허섭이 설립한 학교로 전쟁이 끝나갈 무렵, 고등학교 과정인 성광상업고등학교를 개교하면서 학교법인 성광학원이 되었다. 학교 규모는 커져 갔지만, 인천항만사령부가 지원한 자재 170 트럭을 횡령했다는 혐의로 이사장이 재판을 받는 등 재단 운영에는 문제가 많았던 것으로 보인다. 그렇게 몸집을 불려간 성광학원은 1957년 3월 도화동 중국 묘지 서쪽에 부지를 마련하고 학교를 이전한다. 무리한 이전이 문제가 되었는지 학교 운영에 어려움을 겪던 끝에 성광학원은 1년 뒤 현역 장성이던 백인엽에게 인수되었다.

당시 육군 제6군단 군단장이었던 백인엽은 일본 육군 항공학교를 졸업하고, 광복 후 육군 소위로 임관하였다. 6·25전쟁에 참전하여 몇몇 전투에서 승리를 거두면서 초고속 승진을 거듭했다. 현역 군인의

| 구 인천대 본관 자리에서 바라본 철거 직전의 선인체육관 (조오다 촬영)
철거 직전의 선인체육관 모습에서 일본 무사의 투구가 연상된다.

신분으로 성광학원을 인수한 백인엽은 1960년 6월 육군 중장으로 전역하면서 본격적인 학교 사업에 뛰어든다. 그는 성광상고와 담을 마주하고 있던 중국 묘지의 이전이 추진되자 그 부지를 불법으로 점유하기 시작했다. 1963년 성광상업고등학교의 교사를 증축하는 데 빈터로 남아 있던 중국 묘지 터의 흙을 무단으로 사용했던 것이다. 여기서 그친 것이 아니라 2년 뒤에는 화교협회 소유의 또 다른 토지에 불도저를 사용하여 도로를 내면서 성광학원과 화교협회 사이에 소송이 시작되었다. 결국 양측의 법정 싸움은 일제강점기 외국인 토지법이 시행되었을 때, 이 땅에 대한 소유권 이전 등기를 제대로 하지 않았던 화교협회의 패소로 돌아갔다.

불법 점유의 정당성을 확보한 성광학원은 재단 이름을 선인학원으로 변경하고, 중국 묘지가 있던 자리에 건물을 지어 인화여중과 인화여고를 개교하였다. 선인학원 이사장 백인엽은 군사정권의 비호를 받으며 학교를 늘려갔다. 그렇게 문을 연 학교에는 어김없이 자신과 가족의 이름이나 호를 붙였다. 유치원에 붙은 '진흥'은 아들의 이름이고, 초등학교에는 어머니 이름인 '효열'을 붙이는 식이었다. 학교를 신축할 때는 교사와 학생들을 동원했으며, 이웃 주민들의 집과 토지를 강제로 매수하기 위해 협박과 폭력을 일삼았다고 한다. 재단 자산의 횡령과 착복은 물론, 부정 편입학 등 셀 수 없는 개인 비리가 있었고, 자격이 안되는 교사를 임용하거나 학교 건물을 지은 후 준공 허가도 받지 않은 채 수년간 학교를 운영하기도 했다. 이쯤 되면 선인학원은 학교법인이라기보다 백인엽 개인의 작은 왕국이었다.

1981년 백인엽은 신군부에 의해 비리가 적발되어 구속되기에 이르지만, 선인학원의 사회 헌납을 조건으로 집행유예를 선고받는다. 재단 운영의 일선에서 물러나기는 했어도 학교에 파견된 관선 이사를 측근으로 교체하면서 학원 경영에 지속적으로 관여하고 있었다. 1986년 재단에 건설본부를 설치하고 그 자문역으로 백인엽이 복귀하자 이를 반대하는 학생들의 시위가 이어졌고, 그렇게 시작된 학내 분규 속에서 학생들은 제대로 된 수업을 받을 수 없었다. 재단 정상화를 요구하는 교수와 학생들의 외침은 언론에서 '선인학원 사태'라 표현할 정도로 격렬하였다. 7년 넘게 계속되던 학내 분쟁은 1993년 6월 백인엽이 선인학원의 모든 학교를 인천시에 기증하면서 잦아들었다. 30년 동안 비리로 얼룩졌던 백인엽의 개인 왕국이 마침내 무너진 것이다.

그나저나 중국인 공동묘지가 있던 자리에 들어선 인화여중에서 귀신이 나온다면 머리 풀고 소복 걸친 우리네 귀신일까? 아니면 동그란 모자를 쓰고 이마에 부적을 붙인 채 뛰어다니는 중국 강시일까?

제물포가 아니었던 제물포

　　전철로 통학하던 대학시절, 주로 주안역에서 하차하여 버스를 갈아타고 등교하였다. 집으로 돌아갈 때면 용현시장 지나 제물포역 부근까지 남아 있던 주인선 폐선로를 따라 걷곤 했다. 도심 속에 남아 있는 철길을 걷는 일이 나름대로 낭만과 운치가 있었기 때문이다. 그 시절의 나에게 철길이 끝나는 제물포역 주변은 그저 제물포일 뿐이었다. 시간이 흘러 인천에 대한 공부가 쌓이면서 그동안 알고 지내던 제물포가 아닌 또 다른 제물포가 다가왔다. 조선시대 제물포는 인천 관아로부터 서쪽으로 20리 떨어져 있던 작은 포구였다. 개항 후 제물포에 여러 나라의 조차지가 설치되면서 그곳은 제물포라는 이름 대신 인천이라 불리기 시작했다. 그리고 사람들은 한동안 제물포란 이름을 잊고 살았다.

> 작년 11월부터 착공하여 금년 3월에 준공을 본 인천시 도화동 소재 제물포역(간이역)을 7월 1일 아침 6시 27분 제404열차의 통행을 기하여 교통부 운수과장이 「테프」를 끊음으로써 동역에 정거는 인천-서울 간 4개 열차가 정거하여 통근 및 통학생들의 편의를 도모하게 된 것이다
>
> － 『동아일보』 1959년 7월 3일 「제물포역 업무개시」

　　인천 사람들의 기억에서 사라졌던 제물포는 엉뚱한 곳에서 부활하였다. 전쟁이 끝나자 숭의동과 도화동 일대로 피난민이 모여 들었고,

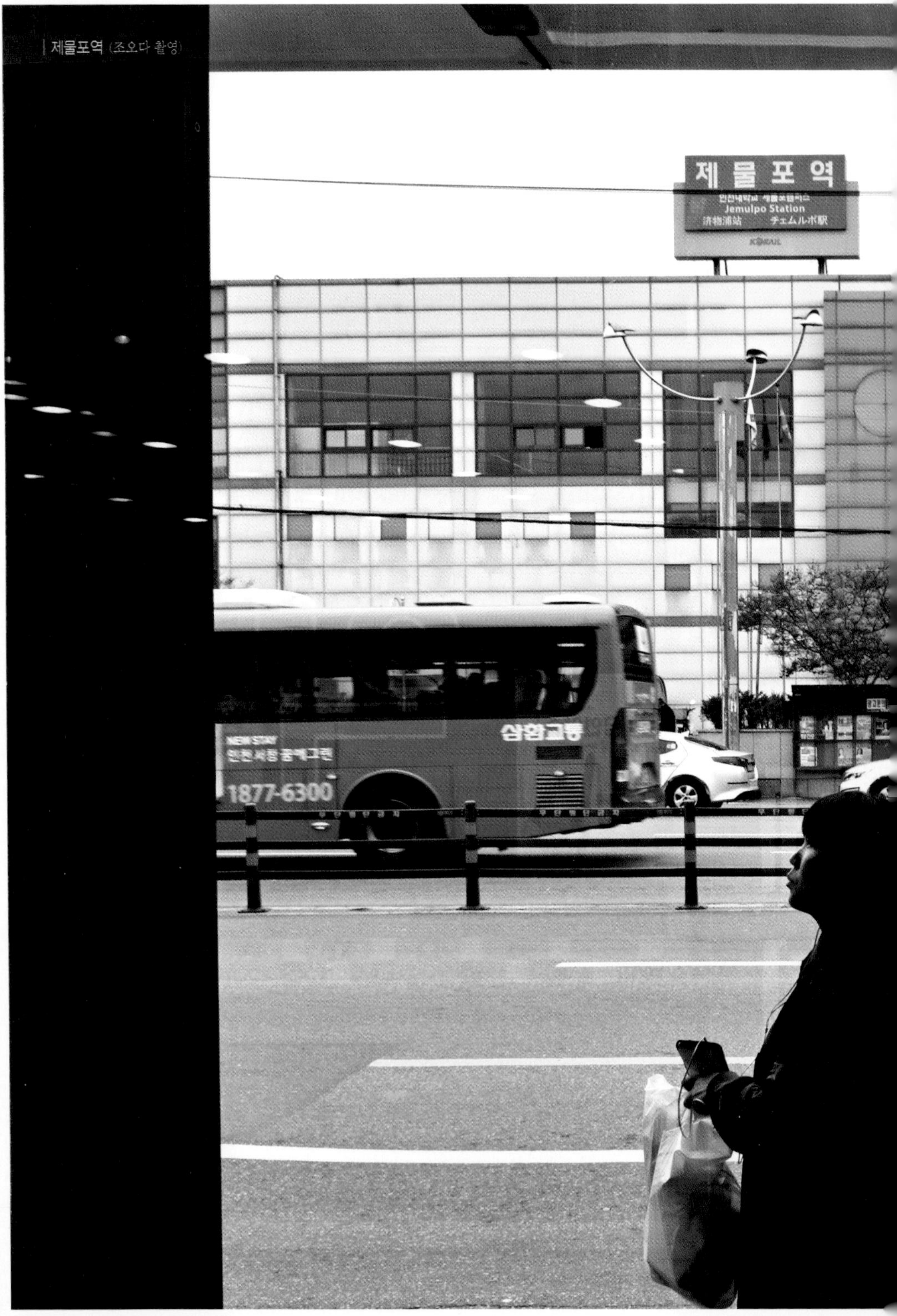

| 제물포역 (조오다 촬영)

길 옆에 선 교각

제물포역 남쪽으로 1930년대 말 인천부의 시가지 계획에
따라 새롭게 뚫린 경인가로가 지난다. 해안동에서 답동과 신흥로터리
를 지나 숭의로터리와 제물포역까지 이어지는 이 길은 역 앞에서 애
초의 경인가로에 연결된다. 길을 따라 걷다보면 철길 쪽 인도를 덮고
있는 교각을 만날 수 있다. 주인선 철교 교각이다. 수인선의 종착역인
남인천역에서 경인선 주안역까지 3.8km를 연결하는 철도를 주인선
이라 한다. 이 철길은 수인선과 경인선을 이었던 것이 아니라 인천항
과 경인선을 연결하는 지름길이었다.

6·25전쟁이 끝나고 해외에서 지원되는 원조 물자와 주한 미군의
군수품이 인천항에 집하되면서 기존의 경인철도를 이용하는 화물 수
송에 차질을 빚고 있었다. 게다가 인천항에서 인천역까지는 화물 전
용 선로를 이용해야 했고, 인천역에서 시작되는 경인철도는 시가지를
돌아가고 있었기 때문에 여러 가지 면에서 효율적이지 못했다. 이러
저러한 문제점을 개선하기 위해 인천항에서 시내를 가로질러 경인선
에 연결되는 주인선을 놓았던 것이다.

착공한 지 1년 7개월 만인 1959년 5월 개통된 주인선은 인천항에
서 동두천 구간을 1일 4회 운행하다가 1985년 11월 15일 마지막 수
송 열차가 운행을 마치면서 그 쓰임새를 잃어버렸다. 남인천역을 출
발한 철길은 이름만 있던 남부역에서 용현동과 숭의동을 가로지른
뒤, 제물포에서 경인철도를 따라 주안역까지 이어진다. 주로 인천항
에 모이는 군수 물자와 미군 병력을 부평의 캠프마켓과 용산, 동두천

| 주인선 철교 연장 공사 인천시립박물관 소장 (박근원 촬영)
1981년 9월 경인국도를 6차선으로 확장할 때 주인선 철교를 연장하는 공사 모습이다.

| 길 옆에 선 교각 (조오다 촬영)

의 미군 부대까지 수송하던 철도였다. 그래서인지 이 철길을 오가는 열차를 이용해 본 인천 사람은 거의 없다. 거주민의 편의를 위해 만들어진 것이 아니라 군사 목적으로 부설했기 때문이다. 오히려 철길은 도시화 되어가던 인천의 교통 흐름을 방해하고 있었다.

더 이상 기차가 다니지 않게 되었음에도 철길과 교각은 한동안 남아 있었다. 철도청과 인천시가 주인선 철로의 활용방안에 대해 고민하고 있었기 때문이다. 그러는 동안 쓸모없어진 철길은 학생들의 통학로가 되기도 하고 주민들의 쉼터로 쓰이기도 했다. 결국 주인선은 폐선이 결정되었고, 철길 끝자락 도로를 가로지르던 철교는 1997년 철거되었다. 용현동에서 숭의동까지 철로를 걷어낸 자리에는 공원을 조성하였고, 철교를 철거한 뒤 무슨 이유에서인지 한쪽 인도를 덮고 있던 교각은 그대로 남겨두었다. 사람들에게 이곳이 한때 주인선이 지나던 길이었음을 기억하게 하려는 것이었을까.

도마다리 + 숲골 = 도화동

지금 제물포역 주변의 행정 지명은 도화동(道禾洞)이다. 철길을 사이에 두고 도화1동과 도화2·3동으로 나뉘어 있다. 도화동이라는 지명은 한일병합 이후 조선총독부의 행정구역 개편이 단행되었던 1914년 생겨났다. 도마리(道馬里)와 화동(禾洞)을 통합할 때 그 이름에서 한 글자씩 떼다 붙여 도화리라 한 것이다. 중간에 잠시 앵정[櫻町]이라는 일본식 지명을 갖기도 했지만, 광복이 되면서 도화동이라는 이름을 되찾았다. 도마리와 화동은 18세기의 기록에도 나타나고 있어 이미 조선시대부터 마을을 형성하고 있었던 것으로 보인다.

지금 도화1동을 가리키는 도마리에는 도화초등학교에서 도화역 사이로 마을이 형성되어 있었다. 어르신들은 이곳을 '도마다리'라 부르기도 하는데 원래 이곳의 이름이 도마교리였기 때문이다. 1789년 작성된 『호구총수(戶口總數)』에 '도마교리(刀馬橋里)'라는 지명이 처음 나타난 이후, 각종 지리지와 지도에 도마교리 또는 도마리로 기록되고 있다. 지도에 따르면 수봉산에서 흘러내린 작은 물줄기가 주안역 북쪽에서 갯골로 이어지고 있어 도마교는 이를 건너다니던 교량의 이름이 아니었나 싶다.

화동리는 도화 2·3동 일대의 옛 지명으로 지금 청운대학교로 사용되는 옛 인천대학교 본관에서 도화시장에 걸쳐 마을을 이루고 있었다. 이곳의 지명이 처음 나타나는 것은 1760년경 간행된 『여지도서』로 "화동에 둘레 1,570자에 높이 2척의 제방이 있었다"고 기록되어 있다. 제방은 농사에 사용할 물을 가두기 위해 쌓았던 둑으로 이곳에 논이 많았음을 알게 해 준다. 둑을 쌓아 만든 저수지의 둘레를 지금의 단위로 환산하면 475m에, 둑의 높이는 60cm로 제법 큰 규모였다.

주민들이 부르는 화동리의 또 다른 이름은 '쑥골'이다. 고가다리와 도서관 등에도 사용되고 있는 '쑥골'의 유래를 사람들은 쑥이 많이 나서 붙은 것으로 알고 있지만, 1911년 간행된 『조선지지자료』에 이곳은 한글로 '슉골'이라 표기되어 있다. '화동(禾洞)'이라 쓰고 슉골로 발음되던 이곳의 자연 지명이 쑥골로 변한 것이다. 이곳의 지명유래는 여러 가지가 있지만, 가장 설득력을 얻고 있는 것이 '벼'와 관련된

種別地名	名稱	語	文	備	致
面名	多所面			仁川府	致
洞里村名	赤洞里 짹골	多所面		仁川府	
"	玉井洞 옥우믈	"			
"	飛龍洞 비렁이	"			
"	銀杏亭 은힝졍이	"			
"	讀亭里 독졍이	"			
"	士美里 독미리	"			
"	城村 잣말	"			
"	忠勳里 츙훈부	"			
"	陽地洞 볏지긋	"			

朝鮮地誌資料

京畿道 仁川府 郡 多所面

種別地名	名稱	語	文	備	致
洞里村名	松内村 촌악당이	多所面			致
"	道馬里	"			
"	青签谷 청지골	"			
"	月朗洞 달방이	"			
"	如意里 여의실	"			
"	長川里 장사리	"			
"	新基里 서긔	"			
"	獨脚里 독갑다리	"			
"	松林里	"			

| 『조선지지자료』에 보이는 도마리와 화동

유래다. 1527년 최세진이 편찬한 『훈몽자회』에 따르면 '禾'는 곡식을 뜻하는 풀을 말하며 '쉬'로 발음된다. 조선시대 마을 주변에 논이 많아 '쉬골'이라 불렸고, 이것이 음운변화를 일으켜 슉골이 되었다는 것이다. 이곳에 제방이 있었다고 기록한 『여지도서』의 내용과도 일치한다. 한편 『한한대사전』에 '禾'가 벼를 뜻할 때는 '화', 말 이빨을 세는 단위로 쓸 때는 '슈'로 발음된다는 것에 착안하여 '슈골'이 '슉골'로 되었다는 설도 있다. 인근 도마리와 연계하여 이 일대가 말과 관련된 장소였을 가능성이 높다는 점에서 설득력을 갖는다.

도마다리와 슉골이 더해지면서 생겨난 지명 도화리는 1936년 제1차 인천 부역 확장 때 인천부에 편입되었고, 이때 앵정이라는 일본식 이름을 얻게 되었다. 광복을 맞으면서 옛 지명을 되찾기는 했지만, 도마교와 화동이라는 원래의 이름 대신 도화1동, 도화2·3동이라 불리고 있다.

『조선지지자료(朝鮮地誌資料)』

국립중앙도서관(도서번호 古2703)에 유일하게 소장되어 있는 필사본으로 모두 54책으로 이루어져 있다. 한일병합 이후 조선총독부에서 편찬하고자 했던 『조선지명사서(朝鮮地名辭書)』의 제작을 위한 기초 자료였던 것으로 추정된다. 1910년 10월에서 1911년 12월 사이에 편찬된 것으로, 한 사람이 전체를 필사한 것이 아니라 기초 조사 자료를 모아 그것을 다시 몇 사람이 나누어 정서한 것으로 보인다. 이 자료는 도별로 분책되어 있는데, 함경도 부분이 빠져 있고 전라북도 역시 1편만 남아 있어 완전한 자료는 아니다. 각 도에 소속된 군별로 몇 개 군씩 한 책으로 묶여 있는데 각 군은 다시 면별로 나누어 마을, 산, 골짜기, 시장 등을 기입하였다. 조사 항목에 따라 한자 지명과 일본어로 기재한 뒤 그 아래에 한글을 적어 넣기도 하였다.

인천부에 대한 내용은 「경기도 2 - 4」책의 말미에 부내면, 다소면, 주안면, 구읍면, 서면, 남촌면, 조동면, 신현면, 전반면, 황등천면, 영종면, 덕적면 등 12개 면으로 나누어 각 면의 지지사항을 기록하고 있다. 부평군은 「경기도 2 - 4」책에 군내면, 동면, 당산면, 주화곶면, 상오정면, 하오정면, 옥산면, 석천면, 수탄면, 동소정면, 석곳면, 모월곶면, 황어면, 마장면, 서면 등 15개 면의 지지사항을 기록하고 있다. 책이 편찬되던 1910년경 현지 조사를 통해 자연 지명을 수록하고 있는 만큼, 지금은 사라진 옛 지명과 그 한글 발음을 살필 수 있다는 점에서 사료적 가치가 크다.

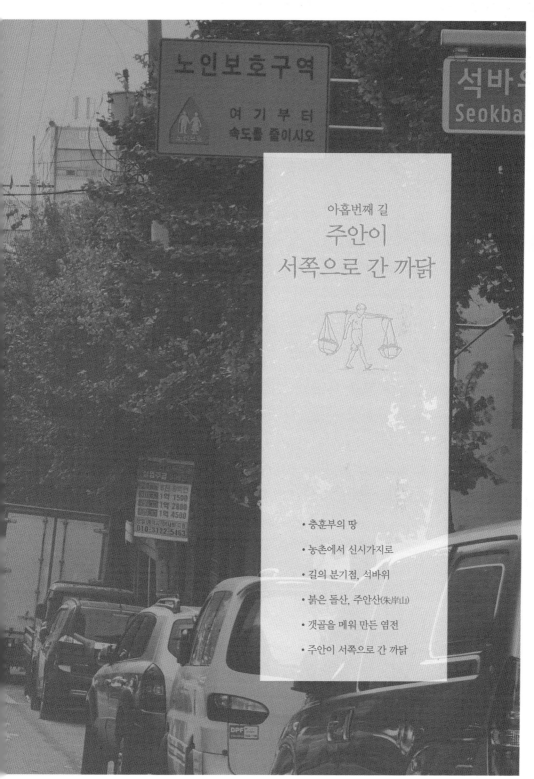

아홉번째 길
주안이
서쪽으로 간 까닭

학돈 형 살던 주안 주공은 벚꽃이 참 예쁜 아파트였다.
언젠가 키 작은 주공아파트가 헐린 뒤로 더 이상 벚꽃을 볼 수 없게 되었다.
지금도 봄이 오면 화사하게 꽃단장했던 그 아파트가 생각난다.

만월산
(주안산)

원통이고개

쇠판이

간석오거리역

백운역

주안염전

인천시청

인천시청역

간석역

석바위시장역

CGV
남주안
영화공간
주안

석암남장

석바위시장

주안역

남구보건소
(주안놀장소)

주안
감리교회

시민공원역
시민회관

제일시장

중앙극장

대학 원서를 접수하던 날, 전철역 앞에서 본 주안 거리의
풍경은 인천의 첫인상이나 다름없었다. 아주 어렸을 적 한두 번 와 보
았던 인천의 모습은 기억에 없기 때문이다. 진눈깨비가 흩날리던 음
산한 날씨 탓인지, 원하던 점수를 받지 못해 우울했던 기분 탓이었는
지 집으로 돌아가지 않고 역 주변을 한참 동안 배회했었다. 어디를 얼
마 동안 걸었는지 기억에 없지만, 역에서 멀지 않은 거리의 연탄공장
에 산더미처럼 쌓여있던 새카만 석탄가루가 생각난다. 날씨만큼이나
우중충한 거리 풍경이었다.

　　인천 사람에게 '주안'은 주안역을 기준으로 그 주변을 가리키며, 주
안1동에서 8동까지 여덟 개의 행정구역이 주안이라는 이름을 사용하
고 있다. 대부분의 지명은 그 공간에 살거나 지나는 사람들에게 아무
런 의심 없이 받아들여지고, 또 사용된다. 주안이라는 이름도 마찬가
지여서 인천 사람들은 애초부터 이곳이 주안이었을 것이라 믿고 있
다. 과연 그럴까? 결론부터 이야기하자면 원래의 주안은 지금 부평구
십정동과 남동구 간석동 일대를 말한다. 그곳에 있던 주안이라는 이
름은 무슨 이유에서 서쪽으로 옮겨 갔을까?

| 충훈부를 가로질렀던 경인가로 (조오다 촬영)
남구 보건소에서 도화나들목 방향의 옛 경인가로. 앞에 보이는 산이 수봉산이다.

주고 그 소출의 일부를 충훈부에 납부하도록 하는 관둔전 형태로 운영되었던 것으로 보인다. 충훈부의 땅을 경작했던 농민들이 아예 이곳에 집을 짓고 살면서 동리로 편제하였을 것이다. 갑오개혁 때 충훈부가 폐지되고 기공국(記功局)이라는 새로운 이름을 얻었음에도 '충훈부리'라는 지명은 여전히 남아 있었다. 1914년 조선총독부의 행정구역 개편 때 주안2동 일대의 사미리(士美里)와 통합되어 사충리(士忠里)가 되었고, 1936년 제1차 부역 확장 때 주안정이라는 일본식 지명을 얻어 인천부에 속했다. 이곳에 주안정이라는 이름이 붙은 것은 아마도 인근에 주안역이 있었기 때문일 것이다. 그로부터 지금까지 사람들은 이 일대를 줄곧 주안이라 불러왔다.

농촌에서 신시가지로

대학시절 주안은 동인천 버금가는 번화가였다. 지금이야 버스에서 내리자마자 주안역으로 오를 수 있지만, 그때만 해도 버스 정류장에 내려 횡단보도까지 한참을 걸어야 했고, 횡단보도에서 역까지 또 얼마를 걸어야 했다. 정류장 뒷골목은 주안역으로 향하는 학생들로 가득했고, 오늘날 '클럽'에 해당하는 디스코텍(Disco Theque)과 주점들이 우리를 기다리고 있었다. 횡단보도 지나 역으로 오르는 계단 앞으로는 포장마차촌이 형성되어 있었다. 학교를 나서는 시간은 제각각이었지만, 이곳을 지날 때면 아는 얼굴 한둘은 만날 정도로 그날의 마지막 술자리가 벌어지던 장소였다. 언제부턴가 지하상가를 통해 주안역을 오가게 되면서 골목과 포장마차를 지날 일이 줄어들었지만, 뒷골목 디스코텍의 음악소리는 한동안 계속되었던 것으로 기억한다. 생각해 보면 그때가 주안의 전성기가 아니었나 싶다. 90년대 중반부터 구월동이 번화가로 변해 가면서 주안으로 몰려들던 젊은이들이 구월동으로 자리를 옮겨 가기 시작했다. 주안의 밤 풍경은 지금도 여전하지만, 어째 사람들로 북적이던 그 시절만은 못한 것 같다.

논과 밭이 어우러진 경인가로 주변 풍경은 1960년대까지 변함없이 유지되고 있었다. 관공서라고 해야 지금 남구 보건소 자리에 있던 주안출장소가 전부였고, 민가라곤 기존의 가옥 외에 전쟁이 끝나고 들어선 주택 일부가 있었을 뿐이다. 이곳에 가로망이 조성되고, 주택과 빌딩이 들어선 것은 1965년 「인천도시개발 5개년 계획」이 발표되면서부터다. 이 계획은 중구와 동구에 집중되어 있던 도심 기능을 외

주안 지구 신시가지 개발 기공식 화도진도서관 소장 (「1960년대 인천풍경」)

곽으로 분산시켜 인구 100만 시대를 대비하기 위한 것이었다. 여기에
는 문을 닫게 될 주안염전에 공단을 조성하고, 주안역 일대를 신시가
지로 개발하려는 계획이 포함되어 있었다. 철길 북쪽 염전 자리는 공
단, 남쪽의 논밭은 시가지로 정비하여 주안역을 중심으로 하는 새로운
도심을 조성하려 했던 것이다. 길이라 해야 서울 가던 옛길과 신작로,
두 줄기밖에 없던 이곳에 격자형 가로망이 형성되었다. 주안역에서 주
안사거리에 이르는 공간으로는 상가 건물이, 주안사거리 남쪽에는 이
른바 국민주택이 빽빽하게 들어섰다. 신시가지 계획이 발표되었던
1965년 만 명이 조금 넘던 주안의 인구가 1980년에는 13만 명에 육
박하고 있었다.

주안 신시가지 개발 계획이 궤도에 오를 무렵, 이곳에서 중앙극장을
운영했던 유제환 선생의 인터뷰를 통해 당시 모습을 엿볼 수 있다.

> 개발 초기만 해도 주안에는 뭐 특별한 것이 없었습니다. 지금의 보
> 건소 자리에 남구청 하나만 달랑 있었고 인천시민회관이 개관한 지
> 얼마 되지 않았어요. 나머지 인근 지역은 허허벌판이나 다름없었지
> 요. 그러다 급속도로 발전을 하게 되었는데 주안역 근처로 차츰차
> 츰 상가가 생기더니, 뒤이어 고려예식장이 생겼고 그 후로 상권이
> 부쩍 성장하게 되었어요. 남구청 아래가 전부 배 밭이었는데, 그 곳
> 에 단독주택들이 들어서고 주변이 상가로 변모하면서 오늘과 같은
> 모습이 되었지요.
>
> - 이재숙, 「주안에서의 삶과 기억」 『朱安-역사·공간·일상』, 학산문화원, 2004

| 인천시민회관
  1974년 4월 개관하여 2000년 9월 철거된 건물로 1994년 종합문화예술회관이 개관할 때까지 인천의 문화공
  간으로 기능했었다. 1986년 5·3 인천 민주화항쟁이 벌어졌던 장소로 1980년대 군사 정권에 대항하여 민주
  화를 요구하는 시민들의 집회 장소로 사용되기도 하였다.

유제환 선생은 1957년부터 화수동 인천극장, 산곡동 백마극장 등을 운영해 왔던 극장주였다. 1976년 경인국도 확장 공사로 길가에 있던 아폴로극장이 문을 닫자 이 극장을 인수하여 중앙극장이라는 이름으로 재개관하였다. 아폴로극장은 이곳에 개발이 시작될 무렵이던 1968년 처음 문을 열었다. 별다른 즐길거리가 없던 시절, 극장은 서민들이 여가 생활을 즐길 수 있는 몇 안 되는 공간 중 하나였다. 극장이 들어선다는 것은 그것을 이용할 만한 수요가 많았음을 의미한다. 1974년에는 주안사거리에 시민회관이 들어선다. 당시 최첨단 시설을 갖춘 문화 공간으로 문을 연 시민회관은 공연 등 문화 행사가 주로 개최되었지만, 방학이면 영화도 상영했다. 극장 문화의 전성기였던

1970년대 인천의 극장 분포를 보자면 아폴로극장과 시민회관은 조선시대 인천도호부의 영역이던 원인천 지역의 동쪽 끝에 위치한다. 중구와 동구에 밀집되어 있던 인구가 주안 일대로 확산되고 있음을 알 수 있다.

주안 일대에 처음 도시계획이 수립되었던 것은 1937년 조선총독부에서 발표한 『인천시가지계획』이었다. 여기에 주안의 일부가 주택지 경영 지구로 결정되지만, 3년 뒤 『경인시가지계획』이 발표되면서 인천 도심의 축은 중·동구와 부평구 일대로 확대된다. 광복과 전쟁을 거치며 주안은 인천과 부평 사이에 놓인 미개발지로 남겨진 채 시간이 흘러갔고, 신시가지 계획이 마무리되는 1970년대 인천과 부평을 이어주는 신도심으로 거듭나게 되었다.

길의 분기점, 석바위

　　'가는 날이 장날'이라는 속담이 있다. 무언가를 하려는데 생각지도 않았던 일을 당하는 상황을 비유하는 속담이다. 장은 시장을 말하며, 다른 말로 장시(場市)라고 한다. 장날은 '장이 서는 날'이라는 뜻이다. 늘 손님으로 북적이는 오늘날의 시장과 달리, 예전의 장날은 닷새마다 한 번씩 돌아오다 보니 이러한 속담이 생긴 것이리라. 15세기 중엽 전라도에서 시작된 장시는 임진왜란을 전후하여 전국으로 확산되었다. 인천 지역의 장시가 처음 등장하는 기록은 1856년 김정호가 펴낸 지리지 『여도비지(輿圖備志)』다. 이 책에 따르면 인천 지역에는 모두 4개의 장시가 있었다. 인천도호부에는 사암장(筒巖場)과 사

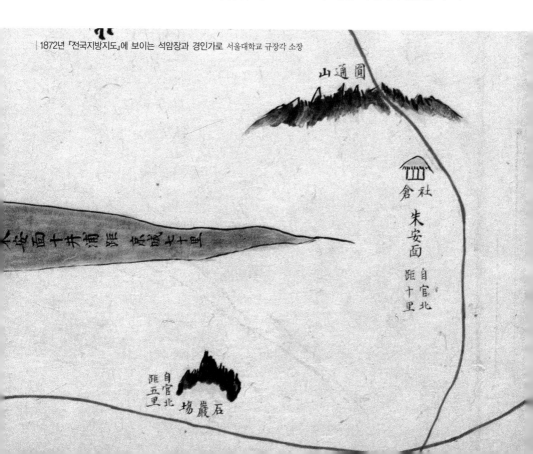

1872년 『전국지방지도』에 보이는 석암장과 경인가로 서울대학교 규장각 소장

천장(蛇川場)이 각각 석바위와 시흥시 신천동에 있었고, 부평도호부의 영역이던 서구 검암동과 계양구 장기동에 발아현장(發阿峴場)과 황어장(黃魚場)이 있었다. 그 중 사암장은 훗날 석암장(石岩場)으로 이름이 바뀐다. 사람들이 석바위라 부르는 곳이다.

길은 사랑병원 남쪽의 작은 사거리를 건너 이곳 석바위로 이어진다. 길의 초입에서 완만하게 시작된 오르막은 야트막한 구릉의 능선을 따라간다. 능선 끝자락에 바위가 있었던 것인지 이곳에는 사암이나 석암, 석바위 등 바위를 가리키는 이름이 붙었다. 사람이 많이 몰리는 곳에 들어서는 오늘날의 시장과 마찬가지로 예전의 장시는 교통의 길목이나 도로망이 교차하는 곳에 위치했다. 장이 서는 곳으로 무언가를 팔려는 사람과 사려는 사람이 함께 모이다 보니 그곳은 온갖 물품의 집하장이었고, 고을 소문의 진원지였으며, 만남의 장소였다. 장으로 모여드는 사람에게 한잔 술과 한 끼 먹거리를, 먼 길을 달려온 이에게는 휴식을 제공하던 주막도 있어야 했다.

개항을 전후하여 석암장에 대한 기록은 자주 등장한다. 이곳이 서울 가는 길목에 위치했기 때문이다. 1877년 8월 경기도 암행어사로 안산과 인천, 부평 일대를 감찰했던 이헌영은 영종도에서 부평으로 가던 길에 이곳에 들러 점심을 먹었다는 내용을 암행일기에 남겼다. 개항 직후 미국 공사의 통역관이던 윤치호는 개화파 서상범, 민영익을 만나기 위해 제물포로 가던 중, 비를 만나 석암장에서 하룻밤을 묵었다고 일기에 적었다. 을미사변 직전 임기를 마친 일본 공사 이노우에 카오루[井上馨]가 배를 타기 위해 제물포로 가던 길에 영접 나온 인천항 감리 박제성을 만난 장소도 이곳 석암장이었다. 이처럼 석바

| 석바위 시장 (조오다 촬영)

위는 닷새에 한 번 장시가 섰던 저잣거리였을 뿐 아니라, 서울과 부평을 오가는 사람들이 잠시 들러 끼니를 해결하거나 하룻밤을 묵었던 장소였다.

전통시대 석바위는 관아가 있던 문학에서 원통이 고개로 향하던 길과 해안가 제물포에서 별리 고개로 가는 길이 만나던 장소였다. 사람들은 문학동 관아나 이웃 고을 부평을 오갈 때, 그리고 제물포 해안을 가거나 서울로 향할 때 이곳 석바위를 거쳐야 했다. 교통의 요지였던 셈이다. 지금 이곳에서 그 시절 길의 흔적은 찾을 수 없다. 1970년대 말 석바위 일대로 주안2지구 택지 개발 사업이 실시되면서 철길 쪽으로 주공아파트가, 길이 있던 자리에는 석바위 시장이 들어섰기

때문이다. 지도에서 사라진 옛길은 석바위 시장을 가로질러 경인국도
와 만난다. 조선시대 인천의 대표적인 저잣거리 석암장처럼 석바위
시장도 날마다 사람들로 붐비고 있고, 길이 모이고 흩어졌던 석바위
는 여전히 교통의 길목이자 중심지로 기능하고 있다. 공간이 갖는 지
리 조건은 예나 지금이나 다를 바 없어 보인다.

붉은 돌산, 주안산(朱岸山)

　　　　석바위를 출발한 경인가로는 주원고개를 지나 간석오거리
에 이른다. 원래 주안이었던 곳이다. 이곳을 주안이라 부른 것은 원통
이고개를 끼고 있는 만월산의 옛 이름이 주안산이기 때문이다. 만월
산(滿月山)이라는 이름은 1934년 이 산 중턱에 약사사를 창건한 보월
스님이 "산이 높지는 않지만 사방이 한눈에 다 보이고, 산세가 팔을
벌려 바다를 감싸고 있는 것이 동방만월세계(東方滿月世界)에 약사불
이 있는 것 같다"고 한 것에서 유래되었다고 한다. 그러나 조선시대
제작된 지도나 지리지에서 이 산의 이름은 주안산이다.

　주안(朱岸)이라는 한자는 '붉은 언덕'이라는 뜻으로 지금처럼 수풀
이 많지 않던 민둥산 시절, 유독 붉은 빛을 띠었다는 데서 비롯되었다.
그 일대의 토질이 구리를 함유하고 있기 때문이라는데, 그러고 보니
주변으로 주원(朱原)고개, 붉은 마을 등 '붉다'라는 의미를 갖는 지명
이 유독 많다. 어르신들 이야기로는 일제강점기 만월산 동쪽 골짜기
부평공동묘지 자리에 구리 광산이 있었다고 하며, 1974년 수도권 전

철이 개통되면서 산 아래로 '구리 바위'를 뜻하는 동암역(銅岩驛)이 생겼다. 실제로 만월산 중턱에서 정상부에 이르는 등산로 주변은 온통 붉은 빛을 띠는 바위로 이루어져 있다. 나무를 땔감으로 쓰던 시절, 멀리서 속살을 드러낸 이 산을 바라본다면 틀림없이 붉게 보였을 것이다.

주안 일대의 토양에 금속 성분이 많이 포함되었다는 것은 '쇠판이'라 불리던 이곳의 자연 지명에서도 알 수 있다. 1949년 인천시립박물관에서 인천의 고적을 조사한 적이 있는데, 이경성 관장은 조사보고서에 다음과 같은 기록을 남겼다.

> 간석동 한씨 묘역에서 길을 동남쪽으로 잡아 남동(南洞)으로 가는 큰길을 따라 약 20분 걸어가면 넓은 들판에 다다른다. 이곳이 바로 쇠판이 고전장(古戰場)이다. 쇠판이라 함은 조선시대부터 이곳에서 철을 발굴함에서 나온 명칭이다.
>
> - 인천시립박물관, 『인천고적조사보고』, 1949

쇠를 채굴했다 하여 '쇠판이'라는 이름이 붙었다는 것인데, 『조선지지자료』는 이를 소판리(小坂里)의 우리말 이름으로 소개하면서 간촌리(間村里)와 경계를 이룬다고 하였다. 쇠판이와 경계를 이루고 있던 간촌리 역시 쇠에서 유래한 지명이란 해석도 있다. 김양수 선생은 쇠가 많이 나서 쇳골이라 부르다가 샛골로 와전되었고, 그것이 사잇골로 이해되어 한자로 간촌(間村)이라 표기한 것이라 했다. 실제로 1992년 남동구 간석동에서 아파트 건설 공사를 하던 중, 인천시가 공

| 만월산 정상의 붉은색 바위

사 중지 명령을 내리고 지질조사를 실시한 적이 있다. 아파트 부지가
철광석 광산의 폐광이 있던 곳이라 안전을 우려한 주민들이 진정서를
제출했기 때문이었다. 당시 조사 결과 큰 문제가 없는 것으로 판명되
긴 했지만, 어찌 되었건 만월산과 그 일대의 땅에 구리를 비롯한 금속
성분이 많이 포함되어 있는 것만은 사실인 듯 싶다. 쇠가 많이 나던 동
네 쇠판이와 간촌은 1914년 행정 구역 개편 때 간석오거리 일대의 석
촌(石村)과 통합되면서 간석리가 되었다. 이 일대를 부르던 주안이라
는 이름이 서쪽 충훈부 땅에 붙게 되면서 광복 후 이곳은 간석동이라
는 행정 지명을 얻게 된다.

갯골을 메워 만든 염전

〈엄마없는 하늘아래〉라는 영화가 있었다. 초등학교 4학년 때인가 친구들과 함께 영화를 보면서 쏟아지는 눈물을 애써 감추려 했던 기억이 있다. 어린 마음에도 남자의 눈물은 수치라 여겼었나 보다. 어머니를 여의고, 정신 착란에 시달리는 홀아버지와 동생 둘을 돌봐야 하는 소년 가장의 이야기를 다루었던 이 영화의 배경은 염전이었다. 어른이 될 때까지 '염전'하면 떠오르는 모습은 바둑판 같았던 소금밭에서 염부가 수차를 돌리고 있던 영화 속 그 장면이었다. 하지만, 이런 모습의 염전이 우리 땅에 만들어진 것은 불과 백년이 조금 넘었을 뿐이다.

우리나라의 전통적인 제염법은 갯벌에 둑을 쌓고 바닷물을 가둔 뒤, 이를 끓여서 소금을 만드는 방식이었다. 이러한 제염 방식을 자염법이라 하며, 여기서 생산되는 소금을 자염(煮鹽) 또는 전오염(煎熬鹽)이라 한다. 바닷물을 가두기 전 개흙을 갈아엎어야 하는데, 그래야만 갯벌에 함유된 염분이 고루 섞이기 때문이다. 원형의 둑 안에 바닷물이 고이면 개흙에 포함된 염분이 바닷물에 스며들어 염도가 높아지고, 짧은 시간에 질 좋은 소금을 얻을 수 있다. 자염 방식은 단시간 내에 소금을 만들 수 있다는 장점이 있지만, 생산량이 제한적이어서 소금값이 비쌀 수밖에 없었다. 이러한 단점을 극복하기 위해 도입된 제염법이 넓은 갯벌에 가둔 바닷물을 햇볕과 바람에 증발시키면서 소금을 얻어내는 천일제염이었다.

간석오거리 일대, 원래 주안이라 불리던 곳은 인천에서 가장 큰 갯

골인 이른바 주안갯골이 시작되던 곳이다. 그리고 우리나라 최초로
천일염전이 시작된 곳이기도 하다. 이곳에 천일염전을 만든 것은 대
한제국 정부였다. 하지만 그 이면에는 이곳에서 생산된 소금을 일본
에 헐값으로 넘기려는 일본 정부와 조선통감부의 계획이 있었다. 너
른 갯벌이 없는 일본은 소금이 귀할 수밖에 없었고, 대만과 중국의 천
일염전에서 생산되는 소금을 수입해 썼지만, 그 비용이 만만치 않았
던 것이다.

1907년 조선통감부는 조선 땅에서 염업을 활성화시키기 위해 천일
제염을 시험할 만한 장소를 물색하였다. 조사 결과를 바탕으로 대한
제국 정부에 염업시험장 설치를 건의하였고, 이듬해 탁지부에서 지금
십정동 땅에 1정보(약 3,000평)의 천일제염 시험장을 설치했다. 약 1년
간의 시험 생산에서 성공을 거두자 염전의 이름을 주안염전으로 결정
하고 본격적인 천일염전 건설에 들어갔다. 한일병합 이후 조선총독부
는 이곳에 전매국 관할의 주안출장소를 설치하여 염전의 관리와 소금
생산 및 유통을 담당하게 했다. 송림동과 가좌동 일대까지 펼쳐진 주
안 갯골에 들어선 주안염전은 모두 8개 지구에 212정보로 확대되었
으며, 연간 생산량도 2만 톤을 넘어섰다. 조선시대 주안산 아래를 부
르던 주안은 이제 염전 전체를 가리키는 이름이 되었다.

천일제염이 성공하기 위해서는 무엇보다 소금밭을 만들 수 있는 완
만하고 너른 갯벌이 있어야 한다. 우리나라 동해안이나 일본에서 천
일제염이 불가능한 이유가 여기에 있다. 인천은 우리나라에서 조수의
차가 가장 큰 지역이며, 가장 넓은 갯벌을 보유한 곳이다. 특히 주안의
경우 갯골을 따라 바닷물의 공급이 가능하고, 갯벌을 염전으로 사용

| 일제강점기 당시의 주안염전 인천시립박물관 소장

할 수 있었기에 천일제염을 위한 최적의 지리 조건을 가지고 있었다. 천일제염은 자연환경도 중요해서 우선 바닷물이 적정한 염분을 포함하고 있어야 하고, 수분을 증발시키기 위한 충분한 일조량이 뒷받침되어야 한다. 뿐만 아니라 일정한 풍량의 바람도 필요하다. 주안염전이 성공을 거둘 수 있었던 것은 인천의 자연환경이 이러한 조건에 부합되었기 때문이다. 주안염전의 천일제염이 성공하자 1920년대부터 인천의 외곽으로 남동염전, 소래염전, 군자염전 등이 들어서게 되었고, 1950년대 인천은 전국 소금 생산량의 60%를 담당하는, 우리나라 소금 생산의 중심지로 자리매김하였다.

주안이 서쪽으로 간 까닭

주안이 천일염전으로 선정되었던 또 다른 이유는 염전 주변으로 지나는 경인철도 때문이었다. 아무리 대규모로 건설된 염전이라 해도 소금을 운송하는 데 많은 비용이 소요된다면 생산성이 떨어질 수밖에 없다. 주안염전을 지나는 경인철도를 이용한다면 전국 각지로의 운송뿐 아니라 인천항을 통한 수출도 가능했던 것이다. 주안에 천일제염 시험장이 설치되었을 때, 염전에서 가까운 기차역은 축현역과 부평역이었다. 1909년 주안염전의 확장을 계획하면서 여기서 생산되는 소금을 운송하기 위한 기차역의 건설도 함께 추진되었다. 1910년 10월 5일 조선총독부는 고시 제15호를 통해 경인철도 부평역과 축현역 사이에 주안역을 설치한다고 발표했다. 주안역이 들어선

곳은 원래의 주안, 즉 천일제염 시험장을 두었던 십정리가 아니라 여기서 서쪽으로 약 1km 떨어진 충훈부리였다. 염전의 전체적인 위치로 보아 십정리는 동쪽에 치우쳐 있던 반면, 충훈부리는 그 중간에 위치하고 있어 염전에서 생산되는 소금을 역까지 운반하기에 편리했다. 주안에 있어야 할 주안역이 충훈부 땅에 들어선 이유는 주안염전의 소금을 운송하기 위한 역이었기 때문이다.

광복 후 남과 북이 분단되면서 평안도 지역의 대규모 염전들이 북한에 귀속되었다. 이제 인천은 남한 유일의 염전 지대였고, 여기서 생산되는 소금만으로 전국의 수요를 감당하기란 쉽지 않았다. 1951년 정부는 '소금 증산 5개년 계획'을 수립하고 민영 염전의 건설을 독려했다. 그 결과 충청도와 전라도 해안으로 민간에서 운영하는 대규모 천일염전이 속속 들어섰다. 이 계획이 성공을 거두면서 도리어 소금

| 1980년대 주안역 광장 인천시립박물관 소장 (박근원 촬영)

| 만월산 정상에서 바라본 주안 공단 일대 (조오다 촬영)

의 공급과잉 현상이 나타났고, 주안염전은 새롭게 건설되는 대형 염전들에 밀려 폐염 위기에 처하게 되었다. 정부는 주안염전을 비롯한 국영 염전을 민영화하기로 결정하고, 1963년 국영 염전 관리를 전담할 대한염업주식회사를 출범시켰다. 그동안 전매청에서 맡아왔던 주안염전의 관리는 이제 대한염업회사로 이관되었다.

수도권에서 가깝고, 철도와 항만을 배후에 둔 주안염전을 정부는 더 이상 염전으로만 생각하지 않았다. 1962년 '제1차 경제개발 5개년 계획'에서 수출 위주의 산업화 정책을 발표하면서 대규모 수출산업단지로 주안염전을 염두에 두었던 것이다. 1966년 주안염전이 문을 닫자 60여 만 평에 달하는 염전 부지를 매립하여 산업용지로 전환시키는 작업이 시작되었다. 이렇게 만들어진 부지에 공장들이 속속 들어섰고, 때마침 실시된 주안 신시가지 개발계획은 철길 너머를 상업용지와 택지로 변모시켰다. 공단이 들어서고, 상가와 집들이 모여들면서 도심이 되어 버린 이곳을 사람들은 주안이라 부르기 시작했다. 그리고 주안은 그렇게 서쪽으로 옮겨갔다.

『인천시가지계획』과 제1차 부역 확장

1937년 4월 조선총독부고시 제263호로 발표된『인천시가지계획』은 인구 20만 명의 대도시로 거듭날 것에 대비하여 인천의 가로망, 공업 용지, 택지에 관한 시가지 정비 계획을 담은 것이다. 이 계획에 따라 구역 정비와 가로망의 부설, 토지구획 정리가 시행된다. 토지구획 정리 지구에는 숭의동과 도원동을 포함하는 대화(大和) 지구와 송림동, 금곡동, 도화동이 포함되는 송림 지구를 설정했고, 공업용지 조성지구에는 용현동과 학익동을 포함시켰다.

시가지계획이 발표되기에 앞서 1936년 9월 조선총독부령 제93호에 의해 인천부의 영역이 확대된다. 당시 인천부의 인구는 포화 상태에 달해 주변 지역으로 유출이 심화되고 있었고, 이를 감안하여 부천군의 일부 지역을 인천부에 포함시켰던 것이다. 이때 부천군 문학면의 학익리, 옥련리, 관교리의 일부와 다주면의 도화리, 용정리(지금 용현동), 사충리, 장의리(지금 숭의동), 간석리의 일부가 다시 인천부에 편입되었다. 당시 확장된 인천부의 면적은 내륙 면적만 27.5㎢로 이전에 비해 3.6배로 늘어났다. 이어서 조선인 마을에 붙어 있던 지명을 일본식으로 전환시켰다. 내리를 서경정(西京町), 외리를 경정(京町), 우각리를 창영정(昌榮町) 등으로 바꿔 불렀다. 인천부에 새로 편입된 지역도 예외는 아니어서 도화리를 앵정(櫻町), 장의리를 대화정(大和町), 용정리를 일지출정(日之出町) 등으로 변경하였다.

『인천시가지계획』과 부역의 확장은 일본인을 위한 계획이었다. 시가지계획에 포함된 지역의 조선인들은 대부분 농민이었고, 이들의 농토를 시가지에 포함시켜 도시화한다는 것에는 조선인을 도시 외곽으로 쫓아내고, 그 빈 자리를 일본인들의 주거지나 공업지대로 만들려는 의도가 숨어 있었다.

원통하다, 원통이고개

간석오거리에서 동암역을 좌측에 두고 부평삼거리로 넘어가는 고갯길을 '원통이고개'라 부른다. 처음 고개의 이름을 들었을 때 퍽 재미있다는 생각을 했다. 서울 집 근처에 있던 '한 많은 미아리고개'처럼 전쟁과 관련된 사연이 있는 것일까? 무엇이 그리 분하고 억울해서 원통이고개란 이름이 붙은 것인지 궁금했다. 고개 이름에 얽힌 사연은 크게 두 가지로 전해진다.

우선 조선왕조를 열던 태조 이성계와 무학대사에 관한 이야기다. 고려왕조를 무너뜨리고 조선을 세운 이성계가 새로운 도읍을 물색하

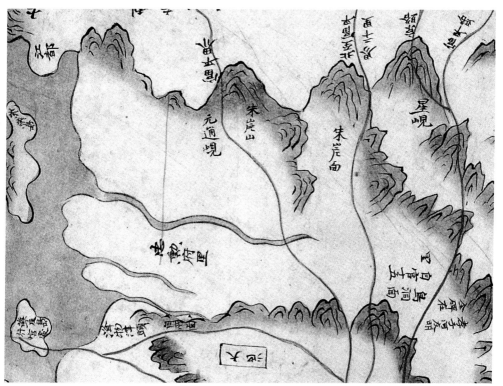

| 18세기 중엽 제작된 『해동지도』에 보이는 원통현 서울대 규장각 소장
주안산과 주안면의 좌우로 부평을 넘어가던 원통이고개[元通峴]와 별리고개[星峴]가 표시되어 있다.

고 있었는데, 후보지 중 하나가 부평 땅이었다. 국왕의 명을 받은 무학 대사가 부평에 와 보니 들이 넓고 기름진 것이 나라의 도읍으로 손색이 없었단다. 예로부터 도읍이 되려면 봉우리 수가 100개는 되어야 하는데 무학이 만월산 정상에 올라 부평의 봉우리를 세어 보니 100개에서 하나가 모자란 99개였다. 실망한 무학이 "원통하다. 하나가 모자라는구나"라 한숨지었다는 데서 산 아래의 고개를 원통이고개라 했다는 이야기다. 여기서 파생된 이야기가 하나 더 있다. 실은 무학이 처음 부평에 왔을 때 100개의 봉우리가 있어 과연 도읍으로 삼을 만하다고 조정에 보고하였다. 훗날 임금과 함께 다시 와 보니 봉우리였던 이곳이 낮은 언덕으로 바뀌어 있었단다. "원통하다. 봉우리가 언덕으로 바뀌었구나"하며 애석해 했다는 것이다.

다른 이야기는 조선 중종 때 좌의정을 지낸 김안로(金安老)에 얽힌 것이다. 삼남 지방의 세곡을 싣고 도성으로 올라오는 조운선이 강화도와 김포 사이 좁고 험한 염하수로에서 침몰하는 일이 자주 발생했다. 당시 조정 대신이던 김안로가 한강에서 운하를 파 주안갯골과 연결시키면, 조운선이 염하수로를 거치지 않고 한강으로 직접 들어올 수 있다는 묘안을 내었단다. 김포시 고촌면 근방에서 시작된 운하 공사는 순조롭게 이루어지다 원통이고개에 이르러 더 이상 진척되지 않았다. 단단한 암반에 막혀 땅을 팔 수 없었던 것이다. 이를 보고받은 김안로가 "원통하다. 고개만 뚫으면 운하를 낼 수 있었는데"라 하며 애통해 했다는 이야기다.

무학대사와 관련된 이야기는 서구 가정동에서 계양구 효성동을 넘어가는 아나지고개의 설화가 옮겨온 것으로 보인다. 조선시대 지도에

이 고개를 '구십현(九十峴)'으로 표기한 것도 여기서 비롯되었다고 볼 수 있다. 그러나 역사 속에서 부평은 도읍지로 거론된 적이 없으며, 무학이 부평 땅에 왔다는 기록도 찾을 수 없다. 그저 구전으로 전하는 이야기일 뿐이다. 이에 비해 김안로와 관련된 설화는 나름 근거를 가지고 있다. 염하는 울돌목 등과 함께 조선시대 조운 수로 중 4대 험로에 속하는 물길이다. 이를 피하기 위해 운하를 팠다는 대목은 설화이긴 하지만 설득력을 갖는다. 운하를 파다가 중지하면서 생긴 하천이 굴포천(堀浦川)인데, 그 한자를 보면 '개펄을 파서 만든 하천'이라는 뜻이어서 설화의 내용과도 부합된다. 이 설화는『조선왕조실록』에도 인용되고 있다.『정조실록』에 "옛날에 듣건대 김안로가 조수(潮水)를 40리까지 통하게 하여 원통현에 이르러 그쳤다 하는데"라는 기록이 있어 설화가 이미 18세기에 전해지고 있음을 알게 해준다.

| 원통이고개 (조오다 촬영)

기록을 살펴보니 김안로가 조운선의 안전한 운행을 위해 운하 건설에 관여한 것은 사실이다. 하지만 그는 굴포운하가 아니라 충남 태안의 안행량 험로를 우회하는 의항운하의 건설을 주관하였다. 태안반도 안흥항 앞의 좁은 물길인 안행량 역시 손돌목과 함께 4대 험로 중하나였고, 고려시대부터 조운선의 침몰사고가 빈번하게 일어나던 곳이다. 이를 우회하기 위해 태안반도를 가로지르는 의항운하 건설을 당시 좌의정이었던 김안로가 주관했던 것이다. 아마도 『정조실록』에 등장하는 김안로 이야기는 원통이고개 설화에 그의 의항운하 건설 사실이 덧입혀져 그럴 듯하게 변한 것으로 보인다.

전국적으로 구전되는 설화 중에서 고개에 얽힌 이야기가 유독 많다. 그만큼 사람의 왕래가 빈번하다 보니 고개의 유래가 누군가의 입에서 입으로 전해졌으리라. 인천도 마찬가지여서 고갯길마다 설화가 전해지고 있다. 원통이고개 설화도 그 중 하나다. 원통하다 해서 이름 붙은 원통이고개를 넘으면 이제 '풍요로운 들판', 부평 땅이다.

광산이 있던 자리에 들어선 공동묘지

길을 따라 원통이고개를 넘으면 부평사거리에 이른다. 사거리 좌측 길은 철길 넘어 산곡동으로 향하고, 우측으로 방향을 틀면 부평공동묘지를 만난다. 공식 명칭은 '인천가족공원'이지만, 인천 사람에게 이곳은 부평공동묘지라는 이름이 더 친근하다. 내가 아는 한 이 공동묘지는 인천에서 야경이 가장 멋진 곳이다. 월미산 정상의 전

망타워에서 바라보는 인천항 밤 풍경이나 송도 미추홀타워 21층 뷔페에서 내려다보는 신도시의 야경도 멋진 편이지만, 이곳 야경에는 견줄 바가 못 된다. 공동묘지 외곽의 산자락을 따라 도는 순환도로 정상에 관람 포인트가 있다. 웬만한 담력이 아니곤 야심한 밤에 무덤 옆의 도로를 걸어 오르기란 쉬운 일이 아니다. 이곳을 처음 찾았을 때만해도 한동안 차량 통행을 허용할 무렵이라 차 안에서 음악소리로 무서움을 달래었지만, 10여 년 전 차량 통행을 금지한 후부터 밤 시간에다시 가본 적은 없다. 정상에 오르면 인천과 부평의 도심은 물론 멀리김포공항까지 한눈에 들어오는 것이 가슴이 탁 트임을 느낀다. 이제그 화려한 야경을 다시 보기 힘들지만, 어느 겨울날 뜨거운 커피를 마시며 바라보던 도시의 밤 풍경을 잊을 수 없다.

이곳에 공동묘지가 들어선 것은 광복 이후인 1947년이다. 공동묘지란 여러 사람이 함께 쓸 수 있도록 일정한 곳에 집단으로 마련한 묘지를 말한다. 조선왕조의 기본 법전인 『경국대전』에 무덤에 대한 규정을 두어 양반의 무덤은 벼슬에 따라 50보~100보 안에서 농사를 지을 수 없었고, 양민의 경우 민가로부터 100보 이내로는 무덤을 두지못하게 했다. 양반은 대개 집안에서 조성한 선산에, 일반 양민은 거주지 인근에 무덤을 두었기 때문에 이를 공동묘지라 부를 수도 있겠지만, 국가가 관리하던 것은 아니었다.

제도로서 공동묘지가 시작된 것은 1912년 조선총독부에서 『묘지·화장장·매장의 화장 및 단속규칙』을 공포하면서부터다. 이 규칙에 따라 인천에 처음으로 들어선 공동묘지가 도화동 선인체육관 자리에 있던 '화동공동묘지'다. 얼마 지나지 않아 화동공동묘지가 가득 차

| 공동묘지 너머로 보이는 부평 땅 (조오다 촬영)
죽은 자의 공간인 공동묘지와 그 너머로 보이는 산 자의 공간인 아파트촌이 묘한 조화를 이루고 있다.

선생의 눈에 비친 부평의 여름은 푸른 들판에 새하얀 학이 노니는 평범한 농촌의 모습이었다. 경인철도가 개통되면서 들어선 부평역 건물도 1930년대까지 별다른 시설 확충 없이 그대로 사용되었다. 부평역은 철길이 놓이고 이듬해인 1900년에 준공되었는데 16평 정도의 목조 건물에 온돌 시설을 갖춘 대합실이 있었다. 이 역에 전기가 들어온 것은 경인철도 10개 역사 중 가장 늦은 1934년이었다. 당시 조선총독부 철도국은 전국의 기차역 중 빈약한 시설을 갖춘 역사를 모던하고 세련된 양식으로 고쳐 지을 계획을 세웠다. 이때 부평역은 전기 설비를 갖춘 새로운 건물로 개축되었다. 인근의 소사역이나 오류동역보다도 전기가 늦게 들어왔다는 것은 경인철도 구간 중에서 가장 한산한 역이었기 때문일 것이다.

| 초창기의 부평역
1900년 건립된 부평역은 1934년까지 초창기의 건물을 그대로 사용했다. 16평 규모의 목조건물에 온돌을 놓은 대합실이 있었다고 한다.

1940년 조선총독부에서 공포한『경인시가지계획』과 그에 따른 제
2차 인천 부역 확장은 부천군의 부내면을 인천부에 포함시켰고, 부평
역 주변은 일본식 이름인 소화정(昭和町)으로 불렸다. 아울러 부내면
사무소를 부평출장소로 개편하고, 그 소재지를 백마정(白馬町: 지금 산
곡동)으로 옮겨왔다. 광복이 되어 소화정이라는 일본식 지명을 떼고
부평동이라 부르면서 이제 부평은 더 이상 계산동을 가리키는 이름이
아니었다.

부평 땅에 들어선 군수 공장

부평사거리에서 길을 좌측으로 틀면 백운고가 너머 산곡
동이 나온다. 지금은 아파트촌으로 변해 있지만, 1970년대 초까지 애
스컴 시티(Ascom City)라 불리던 주한 미군의 군사기지였다. 이곳에는
6·25전쟁 당시 미군을 지원하기 위한 보급창, 의무대, 공병대 등이
자리 잡았고, 전쟁이 끝난 뒤 휴전선 인근에 배치된 미군 부대에 군수
품과 식량을 보급하는 지원 부대가 들어섰다. 거대한 미군기지 애스
컴은 부평 사람들의 삶에 커다란 영향을 끼쳤다. 미군 부대에서 파생
된 일자리가 넘쳐났고, 일을 찾아 사람들이 모여들면서 한때 이곳에
근무하는 한국인만 8천 명을 넘어섰다고 한다. 부대 바깥의 골목으로
미제 물건을 취급하던 상점이 들어서고, 영문 간판을 걸고 팝음악을
틀어주던 클럽도 생겨났다. 1973년 6월 애스컴 시티가 해체되면서
부평을 떠나간 미군 부대의 자리는 어김없이 아파트로 채워졌다. 이

제 하나 남은 미군기지 '캠프 마켓'도 슬슬 떠날 채비를 하고 있다.

6·25전쟁이 끝나고 주한 미군의 군수 지원기지 애스컴 시티가 들어섰던 곳은 일제강점기 일본 육군조병창이 있던 자리다. 일본 육군조병창은 화포 무기 제조를 위해 설치한 '포병공창(砲兵工廠)'이 1923년 이름을 바꾼 군수 공장으로, 도쿄에 본부를 두고 오사카와 나고야, 고쿠라에 각각 조병창을 건설하였다. 중일전쟁이 시작되자 만주의 봉천(奉川)에 남만주육군조병창을 신설한데 이어, 1941년 5월부터 부평 조병창에서 본격적으로 무기를 만들기 시작했다. 1939년 일본 정부는 육군조병창을 인천에 설치하려는 계획에 따라 부평역 서남쪽 36만 평의 부지를 매입하였고, 이듬해 4월 인천육군조병창의 조직을 확정하였다. 부평 조병창에서는 매달 소총 4,000정과 포탄 3만 발, 차량 200량 등을 생산했다고 한다. 숙련된 기능공을 양성하기 위해 인근에 기능자양성소를 설치하고 소학교를 졸업한 16~19세의 조선 청소년들을 입소시키기도 했다.

조병창이 부평에 들어서게 된 것은 1937년 7월 이른바 '노구교사건'으로 촉발된 중일전쟁 때문이었다. 모든 국가경제의 초점이 전쟁 수행에 맞춰지는 가운데 일본은 인천과 부평을 주목한다. 중국과의 전쟁에 필요한 군수품을 조달하는 데 일본 본토보다 한반도가 유리하였고, 조선 제일의 도시 서울에서 가까운 데다 항만과 철도를 갖추고 있어 군수 공장을 비롯한 중공업단지를 건설하는 데 최적지였던 것이다. 조선총독부는 인천과 서울 사이에 대규모 공업 지대를 조성하는 이른바 『경인시가지계획』을 수립하여 1940년 1월 고시 제25호로 공포하였다. 계획의 핵심은 인천과 서울을 하나의 광역도시로 묶는 한

| 삼릉 사택과 인천육군조병창 (Norb-Faye 촬영)
중앙 하단에 줄지어 서 있는 건물이 삼릉 사택이고, 그 위의 하얀색 건물이 인천육군조병창 본부건물이다.

편, 그 사이에 있는 부평을 전쟁 수행에 필요한 각종 물자와 부품을 공급하는 군수 기지로 육성하려는 것이었다. 부평역이 위치한 부내면 대정리와 마장리 일대는 한강에서 이어지는 굴포천의 지천이 흘러들어 풍부하지는 않지만 어느 정도의 공업용수를 확보할 수 있었다. 게다가 부평역을 지나는 철도를 통해 만주와 직접 연결할 수 있고, 인천 항을 이용한다면 중국 본토까지도 어렵지 않게 오갈 수 있는 지리적 이점을 가지고 있었다. 조선총독부는 부평을 '동양의 맨체스터'로 만들겠다는 야심을 가지고 『경인시가지계획』을 추진하기 시작한다.

이 계획에 따라 부평역 부근으로는 중공업 공장들이 속속 들어섰다. 1939년 군용 차량을 제작했던 히로나카[弘中]상공과 금속 강판 제조회사인 경성공작(京城工作)이, 1940년에는 군용트럭 제조사인 국산자동차공업이 공장을 건설하였다. 각종 군수 공장이 잇달아 들어서면서 논밭이 즐비하던 부평 평야지대는 공업 단지로 변모해 갔다. 당

| 캠프마켓 전경 (조오다 촬영)

시 이곳에 들어선 군수 공장은 때마침 일어난 태평양전쟁으로 군수품의 수요가 급증하면서 활황을 맞이하였고, 부평은 명실상부한 조선 최대의 군수 공업 단지로 부각되었다.

푸른 들판에 새하얀 학이 한가롭게 날던 부평 땅은 일제강점기 일본의 군수 공장이 촘촘히 들어선 공업 단지로 변모했고, 광복 후 일본의 공장이 빠져나간 자리에 이번에는 미군의 군수 지원 부대가 모여들어 애스컴 시티가 되었다. 미군이 떠나기 시작한 지 40여 년이 흐른 지금, 이곳에는 고층 아파트가 들어섰고 아파트촌 사이로 마지막 군수 공장 '캠프 마켓'이 남아있다. 캠프 마켓이 떠난 뒤, 100년 넘게 군수 공장으로 기능했던 이 공간은 어떻게 변할지, 그 변화가 부평 땅을 또 어떻게 바꾸어 놓을지 궁금해진다.

부평, 도시가 되다

부평사거리를 지난 길은 인천지하철 1호선 동수역에서 갈림길에 선다. 우측의 왕복 2차선 도로가 원래의 서울 가는 길이다. 앞으로 뻗어있는 큰 길은 1981년 인천시가 부개사거리까지 길이 5.3km 구간에 왕복 6차선으로 새롭게 건설한 도로다. 부평 사람들은 갈림길 좌측 부평2동을 '삼릉'이라 부른다. 일제강점기 이곳에 있었던 일본의 군수 공장 미쯔비씨[三菱]의 사택에서 비롯된 말이다. 부평2동 동사무소 골목 건너편의 내리막 옆으로 금방이라도 쓰러질 것 같은 기다란 건물이 줄지어 서 있다. 마치 전방 군부대 막사를 연상케

| 1940년대 **삼릉 사택** 부평역사박물관 소장

하듯 열과 오를 맞추어 지어진 건물이다. 열을 지어 서 있다 해서 '줄 사택'이라 부르기도 한다. 하나의 지붕 아래 벽을 나누어 여러 가구가 함께 살고 있는 연립 주택으로, 여전히 사람이 살고 있는 집과 이미 빈 집이 되어 벽체를 드러낸 집이 뒤섞인 채 남아 있다.

삼릉 사택은 부평2동 동사무소 골목 건너편의 신 사택과 부평공원 으로 넘어가는 육교 부근에 남아 있는 구 사택으로 구분된다. 구 사택 은 1939년 철길 건너 부평공원 자리에 있던 히로나카[弘中]상공이 공장 근로자를 위해 지은 것으로, 하나의 건물에 열 가구가 모여 사는 10호 연립 주택이었다. 히로나카상공은 1937년 부산에서 전기 관련 사업을 하던 히로나카 료이치[弘中良一]가 서울로 기반을 옮겨 창립 한 회사로, 사업 분야는 전기·기계 공업, 광산업 등이었다. 이 회사는 전쟁에 필요한 군수품 조달을 위해 용산과 부평에 공장을 세웠는데, 1939년 약 4만 평의 부지에 마련된 부평 공장에서는 군수품에 쓰일 강판 및 군용 차량, 선박 등을 생산했다.

1942년 히로나카상공이 미쯔비씨공업에 합병되면서 부평 공장을 상인천제작소라 바꿔 부르고, 광복 때까지 이곳에서 군용 차량과 선박 본체에 사용할 강판을 제작했다. 부평2동 동사무소 아래의 신 사택은 처음 히로나카상공에서 지었던 것을 미쯔비씨공업에서 인수한 것이다. 구 사택에 비해 규모가 큰 편이며, 관리인이 거주하던 단독 사택을 비롯해 다양한 형태로 지어졌다. 지금은 2호 연립 사택과 5호, 10호 연립 사택의 일부가 남아 있다. 광복 후 미쯔비씨공업 상인천제작소는 국군 3군수 지원 사령부 예하의 88정비대로 사용되다가, 군부대가 철수한 뒤 그 자리에 부평공원이 조성되었다.

1940년 이후 부평으로는 군수 공장뿐 아니라 공장에서 근무할 노동자들도 모여들었다. 애초 농촌 지역이던 이곳에 갑자기 늘어난 인구를 수용할 만한 주택은 마련되어 있지 않았다. 미쯔비씨공업 등 자

| 삼릉 사택 (조오다 촬영)

본의 여유가 있는 회사는 아예 근로자 사택을 건설했고, 경인기업주식회사는 산곡동 일대에 조성한 주택단지를 인근 공장의 근로자에게 분양했다. 자연스레 부평의 인구도 급증하는데, 1935년 만 명을 채 넘지 않던 인구가 1940년이 되면 5만 명을 돌파하게 된다. 1943년 6월 18일자 『매일신보』는 「약진 부평」이라는 특집 기사에서 '부평은 원래 부천군 부내면의 일부로 6, 7년 전까지만 해도 농업으로 생업을 삼는 인구 900명의 일개 한촌이었으나, 지금은 인구 8만 명의 대공업 도시로 발전하였다'고 보도하였다. 그야말로 약진이었던 셈이다. 불과 몇 년 사이 한가롭던 농촌 마을 부평은 굴뚝이 늘어선 공장 지대, 사람들이 북적이는 도시로 변해 갔다.

길의 끝자락

조병창을 비롯한 군수 공장이 철길 북쪽에 자리하면서 부평역의 남쪽과 북쪽은 변화의 속도를 달리해간다. 1940년 신축한 지 불과 5년이 조금 넘은 부평역 건물을 4배로 확장하여 다시 지었다. 하루 평균 이용객이 3천 명을 넘어서면서 기존의 시설로 감당하기 어려웠기 때문이다. 애초 경인가로 쪽, 그러니까 철길 남쪽에 위치했던 역사도 건물을 신축하면서 북쪽으로 이전했다. 일본 육군조병창의 설립이 추진되고, 인근에 군수 공장이 모여들면서 철길 북쪽으로 도심이 형성되기 시작한 탓이다. 철길의 북쪽이 공장 지대와 상가가 들어선 도심으로 조성되었다면, 남쪽으로는 주거지가 형성되었다. 경인가로

| 가톨릭대학교 인천성모병원 (조오다 촬영)

는 주거지로 변한 철길 남쪽을 가로지른다.

동수역 삼거리 우측의 좁은 도로가 원래 서울 가는 길이었다. 길을 따라 걷다가 오른쪽으로 보이는 커다란 건물이 지금 가톨릭대학교 인천성모병원이다. 인천 사람에게는 부평성모병원이라는 이름이 더 친숙하다. 이 병원의 역사는 1955년 6월 부평성당 김영식 신부가 개원한 성모자애병원에서 시작된다. 김영식 신부는 애스컴 시티에 있던 미군 121후송병원의 지원을 받아 2층 건물을 짓고 병원 업무를 시작했다. 초대 원장으로 노선식 박사가 부임하였고, 진료과목은 내과와 외과, 소아과 등이었다. 도립병원, 기독병원에 이어 인천에서 세 번째로 개원한 종합병원으로, 41실의 입원실과 수술실, X선 장비를 갖추고 있었다. 1962년 서울가톨릭대학의 부속병원으로 편입되었고, 2008년부터 지금의 이름을 사용해 오고 있다.

부평성모병원의 동쪽은 얼마 전 송림동에서 송도신도시로 이전한 박문여고가 처음 문을 열었던 자리다. 강화 출신으로 인천에서 포목상을 하며 부를 축적한 장석우(張錫佑)는 그의 아들 장광순(張光淳)과 함께 이곳에 학교를 세우고 '소화고등여학교'라 이름 붙였다. 1940년 조선총독부는 부평조병창에 근무하는 일본 직원의 편의를 위해, 학교를 부평에 둘 것과 학교 이름을 '소화(昭和)'로 할 것, 학생 정원의 절반을 일본인 학생으로 채울 것을 조건으로 설립 인가를 내 주었다. 광복 직후인 1945년 9월 설립자 장광순이 학교를 천주교 재단에 기증하면서 이름을 박문여고로 바꾸어 오늘에 이르고 있다.

6·25전쟁이 끝나갈 무렵인 1953년 6월 경기도경찰국이 이곳으로 옮겨왔다. 전쟁으로 해안동에 있던 경찰국 청사 건물이 피해를 입었기 때문이다. 처음에는 창영학교 교사를 임시 청사로 사용하다가 학교 수업이 정상화되면서 건물에 여유가 있던 박문여고로 이전했던 것으로 보인다. 1955년 3월 경기도경찰국이 원래 자리로 돌아가면서, 이곳에는 서울중앙고등학교 건물을 임시로 사용하고 있던 국립경찰전문학교가 옮겨온다. 박문여고가 송림동으로 이전한 것이 1956년 8월이므로, 아마도 1년 반 가량은 학교 건물을 박문여고와 경찰학교가 함께 사용하였을 것이다. 50년 넘는 세월 동안 부평 땅에서 경찰을 배출해 온 경찰전문학교는 2009년 11월 충남 아산에 새로운 부지를 마련한 뒤 이전하였다.

만월산 터널 초입을 지나 얼마간 걷다 보면 외줄기 철길을 만난다. 부평역에서 인근 군부대로 이어지는 철길이다. 일제강점기 조병창과 부평역을 연결했던 철도를 연장한 것으로 보이는데, 그때부터 이 일대에 군수 공장이나 군부대가 있었던 것은 아니었나 싶다. 이 철길은 광복 후에도 그대로 사용되었다. 6·25전쟁이 끝나고 군수 부대가 자리하면서 부평역과 부대를 잇는 군용 화물선으로 이용 빈도가 높아졌지만, 지금은 열차가 오가는 모습을 거의 볼 수 없다. 두 달에 한번 꼴로 화물열차가 지나는데 철길 위로 주차된 차량 때문에 가다 서다를 반복하는 웃지 못할 상황이 발생하기도 한단다. 그렇듯 기차가 다니지 않는 철길은 평소 주차장이나 아이들의 통학로, 놀이터가 된다.

길은 철길 건너 부개사거리에서 지금의 경인국도와 다시 만난다. 멀리 외곽순환고속도로의 고가교가 보이는 것이 인천과 부천의 경계가 얼마 남지 않았음을 느낀다. 일신동 동사무소를 눈앞에 둔 삼거리는 원통이고개를 넘은 경인가로와 인천 관아를 떠나 별리고개를 넘어온 길이 합류하는 곳이다. 길은 여기서 다시 부평 관아로 향하던 길과 서울 가던 길로 갈라졌다. 지금 부평 가던 길은 막혀 버렸지만, 광복 전까지만 해도 인천의 석바위와 마찬가지로 네 갈래 길이 서로 교차하던 길목이었다. 그래서인지 석바위처럼 이곳에도 여행자를 위한 '구산주막(九山酒幕)'이 있었단다. 주막에서 잠시 여독을 푼 여행자들은 다시 길을 떠나 서울로 향했을 터이니, 이곳이 곧 부평의 끝자락이자 경인가로 인천 구간의 마지막 지점이다. 그렇게 길의 끝자락에서 다시 새로운 길을 마주하게 된다.

| 부개동 철로변 (솔오디 촬영)

『경인시가지계획』과 제2차 부역 확장

1937년 발표한 『인천시가지계획』에 이어 조선총독부는 1940년 1월 19일 총독부 고시 제25호로 『경인시가지계획』을 공포하였다. 중일전쟁을 일으킨 일본은 조선을 전쟁 수행에 필요한 군수 기지로 삼고자 했다. 『경성시가지계획』과 『인천시가지계획』을 연결하여 인천과 서울 사이에 군수 공업단지를 조성하려는 목적에서 수립된 계획이었다. 이 계획의 핵심은 300만 평에 가까운 부평 지구를 비롯하여 7개 공업 지구와 11개 주택 지구를 조성하는 것이었다.

『경인시가지계획』이 공포됨에 따라 조선총독부는 공업단지와 택지가 조성될 부평 지구를 인천부에 속하게 했는데, 부천군의 서곶, 문학, 남동, 부내면 등 4개면이 인천부의 영역에 포함되었다. 이를 1936년의 부역확장에 이어 '제2차 부역 확장'이라 부른다. 제2차 부역 확장으로 인천부의 면적은 27.5㎢에서 161.7㎢로 다섯 배가량 늘어나게 되었다. 아울러 인천부는 고시 제42호 '출장소규정'을 공포하여 부내면과 서곶면에 부평출장소와 서곶출장소를 설치하고, 남동면에는 남동출장소를 두어 각 지역의 행정 사무를 관할하게 했다.

『경인시가지계획』과 제2차 부역 확장은 한적한 농촌 마을이던 부평을 공업단지와 도심으로 만들었고, 부평의 중심이 계양에서 부평역 앞으로 옮겨가는 결과를 가져왔다. 일제강점기 말 부평 지역에 새롭게 조성된 도심은 이미 중·동구 일대에 형성되어 있던 도심과 함께 두 개의 축이 되어 광복 이후 인천의 도시 발전을 이끌어왔다.

안녕히 가십시오,
여기까지가 인천입니다

　　구산사거리. 장수동 인천대공원에서 송내 지하차도로 향하는 길이 경인가로와 만나는 곳이다. 길을 시작하며 생각했던 길의 끝지점이다. 길에 덮인 시간의 꺼풀들을 하나씩 벗겨가면서 공간의 변화도 함께 살피려고 시작한 작업이 어찌하다 보니 벌써 목적지에 이르렀다. 긴 여행을 마치고 집으로 돌아갈 때면 두 가지 생각이 머리를 맴돈다. 어서 돌아가 푹 쉬어야겠다는 생각이 들면서 한편으론 아쉬움도 남는다. 지금 꼭 그런 기분이다. 무언가 대단한 일을 해냈다는 생각도 있지만, 애초의 계획을 절반도 이루지 못한 채 마무리해야 함이 아쉽기만 하다.

　　길을 통해 인천의 공간 변화를 살펴보려 한 것이 시작할 때 세운 장대한 계획이었다. 무언가에 쫓기듯 길의 끝자락에 다다른 지금, 지나온 과정을 돌이켜 보면 경인가로를 완주한 것만으로도 힘에 부침을 느낀다. 경인가로는 개항 이후 인천과 서울을 잇는 주 통로로 기능해 왔기에 그 길을 따라오면서 인천이라는 도시 확장을 어느 정도는 살펴볼 수 있었다. 인천은 개항 이후 서울로 향했던 이 길을 따라 동서 방향으로 도시 공간을 확장해 왔다. 개항 당시 여러 나라의 조계 구획에서부터 일제강점기의 인천시가지계획, 경인시가지계획을 거쳐 1960~70년대 주안신시가지개발계획까지 인천 도심의 팽창은 경인가로를 축으로 하는 것이었다. 경인가로 주변이 도심으로 변해가면서, 이제 공간은 남북 방향으로 확장되기 시작했다. 그리고 오늘날 인천광역시의 모습을 갖추게 된다.

경인가로를 따라 걸으며 개항 이후 인천과 서울을 잇는 주 통로로 사용되었던 그 길로 사람과 차가 여전히 오가고 있다는 사실이 새삼 놀라웠다. 길은 좀처럼 없어지지 않는다. 쓰임에 따라 넓어지거나 변형될 수는 있어도, 지도에서 길 자체가 사라지는 일은 거의 없다. 대규모 택지 개발 사업으로 인해 길은 물론 공간 전체가 없어지는 경우를 제외하고 말이다. 130년 전 서울을 오가는 사람이 밟았던 그 길을 지금 사람도 똑같이 이용하고 있다. 그래서인지 길에 서서 주위를 가만히 살피다 보면, 조그만 것이라도 그 시절의 흔적을 찾을 수 있다. 길은 시간을 담고 있기 때문이다.

시간을 담은 길

경인가로 따라 인천을 걷다

초판 1쇄 발행 2016년 12월 15일
초판 2쇄 발행 2017년 8월 4일
초판 3쇄 발행 2020년 3월 6일

지 은 이 배성수
사   진 조오다
일러스트 조유미
교   열 김시언
기   획 인천문화재단 한국근대문학관
펴 낸 이 최종숙
펴 낸 곳 글누림출판사

책임편집 이태곤
디 자 인 안혜진 최선주 김주화
편   집 문선희 권분옥 임애정 백초혜
마 케 팅 박태훈 안현진

주   소 서울시 서초구 동광로 46길 6-6(반포4동 577-25) 문창빌딩 2층(06589)
전   화 02-3409-2055(대표), 2058(영업), 2060(편집)
팩   스 02-3409-2059
전자메일 nurim3888@hanmail.net
홈페이지 www.geulnurim.co.kr
블 로 그 blog.naver.com/geulnurim
북트레블러 post.naver.com/geulnurim
등록번호 제303-2005-000038호(2005. 10. 5)

정가 14,000원
ISBN 978-89-6327-353-2 04080
       978-89-6327-352-5 (세트)